Parabéns!
Agora você faz parte do
Plurall, a plataforma digital do
seu livro didático!
No **Plurall**, você tem acesso
gratuito aos recursos digitais
deste livro por meio do seu
computador, celular ou *tablet*.

Venha para o **Plurall** e descubra
uma nova forma de estudar!
Baixe o aplicativo do **Plurall**
para Android e IOS ou acesse
www.plurall.net e cadastre-se
utilizando o seu código de
acesso exclusivo:

CB011569

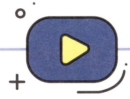

AAPDWUAJ9

Este é o seu código de acesso Plurall.
Cadastre-se e ative-o para ter acesso
aos conteúdos relacionados a esta obra.

 @plurallnet

 @plurallnetoficial

SOMOS
EDUCAÇÃO

MARCHA CRIANÇA

4º ANO
ENSINO FUNDAMENTAL

CIÊNCIAS

Maria Teresa Marsico
Licenciada em Letras pela Universidade Federal do Rio de Janeiro (UFRJ).
Pedagoga pela Sociedade Unificada de Ensino Superior Augusto Motta.
Atuou por mais de trinta anos como professora de Educação Infantil e Ensino
Fundamental das redes municipal e particular do estado do Rio de Janeiro.

Maria Elisabete Martins Antunes
Licenciada em Letras pela Universidade Federal do Rio de Janeiro (UFRJ).
Atuou durante trinta anos como professora titular em turmas do 1º ao
5º ano da rede municipal de ensino do estado do Rio de Janeiro.

Armando Coelho de Carvalho Neto
Atua desde 1981 com alunos e professores das redes pública
e particular de ensino do estado do Rio de Janeiro.
Desenvolve pesquisas e estudos sobre metodologias
e teorias modernas de aprendizado.
Autor de obras didáticas para Ensino Fundamental
e Educação Infantil desde 1993.

Vívian dos Santos Marsico
Pós-graduada em Odontologia pela Universidade Gama Filho.
Mestra em Odontologia pela
Universidade de Taubaté.
Pedagoga em formação pela Universidade Veiga de Almeida.
Professora universitária.

editora scipione

editora scipione

Direção Presidência: Mario Ghio Júnior

Direção de Conteúdo e Operações: Wilson Troque

Direção editorial: Luiz Tonolli e Lidiane Vivaldini Olo

Gestão de projeto editorial: Tatiany Renó, Juliana Ribeiro Oliveira Alves (assist.)

Gestão de área: Isabel Rebelo Roque

Coordenação: Luciana Nicoleti

Edição: Ana Carolina Suzuki Dias Cintra, Daniella Drusian Gomes, Laura Alves de Paula, Mariana Amélia do Nascimento (assist.), Regina Melo Garcia e Sabrina Nishidomi

Planejamento e controle de produção: Patrícia Eiras e Adjane Queiroz

Desenvolvimento Página +: Bambara Educação

Caderno de Criatividade e Alegria: Asa de Papel

Revisão: Hélia de Jesus Gonsaga (ger.), Kátia Scaff Marques (coord.), Rosângela Muricy (coord.), Ana Maria Herrera, Ana Paula C. Malfa, Arali Gomes, Brenda T. M. Morais, Carlos Eduardo Sigrist, Gabriela M. Andrade, Heloísa Schiavo, Kátia S. Lopes Godoi, Luiz Gustavo Bazana, Maura Loria, Patricia Cordeiro, Paula T. de Jesus; Amanda T. Silva e Bárbara de M. Genereze (estagiárias)

Arte: Daniela Amaral (ger.), Claudio Faustino (coord.), Eber Alexandre de Souza (edição de arte)

Diagramação: Essencial Design

Iconografia e tratamento de imagem: Sílvio Kligin (ger.), Roberto Silva (coord.), Douglas Cometti (pesquisa iconográfica), Cesar Wolf e Fernanda Crevin (tratamento)

Licenciamento de conteúdos de terceiros: Thiago Fontana (coord.), Liliane Rodrigues (licenciamento de textos e fonogramas), Claudia Rodrigues, Erika Ramires, Luciana Cardoso Sousa e Luciana Pedrosa Bierbauer (analistas adm.)

Ilustrações: Marcos de Mello (Aberturas de unidade), Ilustra Cartoon, J. Rodrigues, Osni de Oliveira, R2 Editorial, Luís Moura e Mauro Nakata

Design: Gláucia Correa Koller (ger.), Flávia Dutra (proj. gráfico e capa), Erik Taketa (pós-produção), Gustavo Vanini (assist. arte)

Ilustração e adesivos de capa: Estúdio Luminos

Avenida das Nações Unidas, 7221, 1º andar, Setor D
Pinheiros – São Paulo – SP – CEP 05425-902
Tel.: 4003-3061
www.scipione.com.br / atendimento@scipione.com.br

Dados Internacionais de Catalogação na Publicação (CIP)

```
Marcha criança ciências 4º ano / Maria Teresa Marsico...
   [et al.] - 14. ed. - São Paulo : Scipione, 2019.

   Suplementado pelo manual do professor.
   Bibliografia.
   Outros autores: Maria Elisabete Martins Antunes, Armando
   Coelho de Carvalho Neto, Vívian dos Santos Marsico.
   ISBN: 978-85-474-0196-2 (aluno)
   ISBN: 978-85-474-0197-9 (professor)

   1.    Ciências (Ensino fundamental). I. Marsico, Maria
Teresa. II. Antunes, Maria Elisabete Martins. III. Carvalho
Neto, Armando Coelho de. IV. Marsico, Vívian dos Santos.

2019-0072                                    CDD: 372.35
```

Julia do Nascimento - Bibliotecária - CRB-8/010142

2020
Código da obra CL 742210
CAE 648169 (AL) / 648168 (PR)
14ª edição
4ª impressão
De acordo com a BNCC.

Impressão e acabamento: Bercrom Gráfica e Editora

Uma publicação SOMOS EDUCAÇÃO

Os textos sem referência foram elaborados para esta coleção.

Marcos de Mello/Arquivo da editora

Com ilustrações de **Marcos de Mello**, seguem abaixo os créditos das fotos utilizadas nas aberturas de Unidade:

UNIDADE 1: **Telescópio:** Lukas Gojda/Shutterstock, **Agave:** Superbank stock/Shutterstock, **Caminhos de pedras:** Thechatat/Shutterstock, Bússola: MriMan/Shutterstock, **Parede de tijolinhos:** Vladimir Wrangel/Shutterstock, **Banco de madeira:** Looka/Shutterstock, **Postes de iluminação:** Andrii Spy_k/Shutterstock, **Janela de madeira:** YK/Shutterstock, **Cerca metálica:** DRogatnev/Shutterstock, **Pássaros:** Gopu Muthu/Shutterstock, **Árvores:** Ken StockPhoto/Shutterstock.

UNIDADE 2: **Caixote de ração:** Pinkyone/Shutterstock, **Casa de madeira:** vilax/Shutterstock, **Cerca de madeira:** Claudio Divizia/Shutterstock, **Cozinha:** HABRDA/Shutterstock, **Mesa de madeira na cozinha:** charl898/Shutterstock, **Caixa de frutas:** Larisa Blinova/Shutterstock, **Janela de madeira:** YK/Shutterstock, **Saco de ração:** Shutterstock/Eivaisla, **Árvores:** Ken StockPhoto/Shutterstock.

UNIDADE 3: **Alfaces:** Boonchuay1970/Shutterstock, **Flores:** nadezhda F/Shutterstock, **Folhas secas:** Shutterstock / Thawornnurak, **Árvores:** Ken StockPhoto/Shutterstock.

UNIDADE 4: **Árvore com folhagem lilás:** PATARA/Shutterstock, **Arbustos:** Shutterstock/AJerd69, **Cesta de basquete:** Shutterstock/marco777, **Quiosque de frutas e sucos:** [illegible] **com bancos:** Shutterstock/Peter Blazek, **Árvores:** Ken StockPhoto/Shutterstock.

APRESENTAÇÃO

Querido aluno

Preparamos este livro especialmente para quem gosta de estudar, aprender e se divertir! Ele foi pensado, com muito carinho, para proporcionar a você uma aprendizagem que lhe seja útil por toda a vida!

Em todas as unidades, as atividades propostas oferecem oportunidades que contribuem para seu desenvolvimento e para sua formação! Além disso, seu livro está mais interativo e promove discussões que vão ajudá-lo a solucionar problemas e a conviver melhor com as pessoas!

Confira tudo isso no **Conheça seu livro**, nas próximas páginas!

Seja criativo, aproveite o que já sabe, faça perguntas, ouça com atenção...

... E colabore para fazer um mundo melhor!

Bons estudos e um forte abraço,

Maria Teresa, Maria Elisabete, Vívian e Armando

CONHEÇA SEU LIVRO

Veja a seguir como seu livro está organizado.

UNIDADE

Seu livro está organizado em quatro Unidades. As aberturas são compostas dos seguintes boxes:

Entre nesta roda

Você e seus colegas terão a oportunidade de conversar sobre a imagem apresentada e a respeito do que já sabem sobre o tema da Unidade.

Nesta Unidade vamos estudar...

Você vai encontrar uma lista dos conteúdos que serão estudados na Unidade.

VOCÊ EM AÇÃO

Você encontrará esta seção em todas as disciplinas. Em **Ciências**, há atividades procedimentais, experiências ou vivências para você aprender na prática o conteúdo estudado.

O TEMA É...

Comum a todas as disciplinas, a seção traz uma seleção de temas para você refletir, discutir e aprender mais, podendo atuar no seu dia a dia com mais consciência!

TECNOLOGIA PARA...

Boxes que sugere como utilizar a tecnologia para estudar o conteúdo apresentado.

ATIVIDADES

Momento de verificar se os conteúdos foram compreendidos por meio de atividades diversificadas.

AMPLIANDO O VOCABULÁRIO

Algumas palavras estão destacadas no texto e o significado delas aparece sempre na mesma página. Assim, você pode ampliar seu vocabulário.

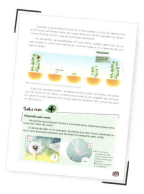

SAIBA MAIS

Boxes com curiosidades, reforços e dicas sobre o conteúdo estudado.

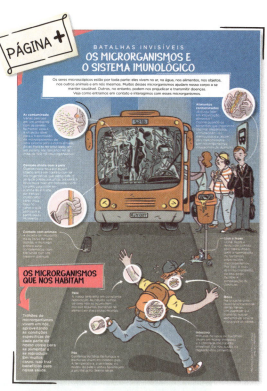

Ao final do livro, uma página com muitas novidades que exploram o conteúdo estudado ao longo do ano.

≥Material complementar≤

CADERNO DE CRIATIVIDADE E ALEGRIA

Material que explora os conteúdos de Ciências de forma criativa e divertida!

MUNDO DA CIÊNCIA

Uma nova revista recheada de conteúdos para você explorar e aprender mais! Elaborada em parceria com o Jornal *Joca*.

≥Quando você encontrar estes ícones, fique atento!≤

 No caderno

 Em dupla

 Em grupo

Sempre que possível, o tamanho aproximado de alguns seres vivos será indicado por esses símbolos. Quando a medida for apresentada por uma barra vertical, significa que ela se refere à altura. Quando for representada por uma barra horizontal, significa que se refere ao comprimento.

SUMÁRIO

Marcos de Mello/Arquivo da editora

PÁGINA + OS MICRORGANISMOS E O SISTEMA IMUNOLÓGICO

UNIDADE 1

O UNIVERSO

Marcos de Mello/Arquivo da editora

Entre nesta roda

- Quais são as diferenças entre as duas imagens?

- Como está o céu em cada cena? Quais elementos na imagem caracterizam o dia e a noite?

- Você sabe o nome dos instrumentos que os escoteiros estão usando? Para que eles servem?

- Por que o ser humano tem tanto interesse em conhecer o Universo?

Nesta Unidade vamos estudar...

- Universo
- Astros
- Sistema Solar
- Camadas da Terra
- Pontos cardeais

Você já se perguntou: O que é o Universo?

O Universo é formado por tudo o que existe: desde as coisas pequenas, como microrganismos, até as maiores, como as estrelas, os planetas e todo o espaço que há entre eles.

Fazemos parte do Universo, habitamos o **planeta Terra** e somos aquecidos por uma estrela, o **Sol**.

O Sol é a estrela mais importante para nós, mas ela não é a única, já que existem muitas outras no Universo. As estrelas ficam agrupadas em galáxias, que podem ter diversas formas.

Existem milhares de galáxias em forma de espiral, como a galáxia em que se localiza o planeta Terra, a **Via Láctea**. Também existem diversas galáxias **elípticas** e irregulares.

elípticas: em formas ovaladas, que lembram um círculo achatado.

Além das estrelas e dos planetas, uma boa parte das galáxias é formada por gases.

A maioria das galáxias só pode ser observada por meio de telescópios, mas algumas podem ser vistas a olho nu, como a galáxia de Andrômeda, que é uma das mais próximas da Terra.

● Imagem da galáxia de Andrômeda.

Science Photo Library/Getty Images

Observando o Universo

A Astronomia é a ciência que estuda os corpos celestes, como as estrelas, os planetas e os **cometas**. Essa ciência requer vários instrumentos de observação e medição, como os telescópios, pois só por meio deles é possível estudar os astros e investigar os fenômenos do Universo.

cometas: astros formados por fragmentos de rocha e gelo.

O telescópio aumenta a imagem do que se quer observar, facilitando o estudo dos corpos celestes.

Graças à sua capacidade de ampliar imagens de objetos distantes, o telescópio possibilitou o avanço de diversos estudos sobre o que está além do que podemos ver a olho nu. As lentes dos telescópios podem ser comparadas a "óculos" extremamente potentes.

● Os olhos são o instrumento mais básico de observação.

● As lunetas e os telescópios, como este mostrado na fotografia, nos permitem ver objetos distantes, como a Lua e alguns planetas.

● Observatório astronômico Gemini em Cerro Pachón, na região dos Andes, no Chile. Alguns observatórios possuem grandes telescópios e são construídos em locais elevados e com poucas nuvens.

11

O telescópio Hubble

O telescópio Hubble foi lançado em 1990 pela agência espacial Nasa (sigla em inglês para National Aeronautics and Space Administration, órgão responsável por seu envio ao espaço) e é a principal fonte de pesquisas dos cientistas sobre o Universo e seus mistérios. Esse telescópio tem espelhos e lentes muito potentes que aumentam sua capacidade de transmitir dados e fotos. Isso possibilitou a observação de galáxias e outros corpos celestes muito mais distantes do nosso Sistema Solar.

Juergen Faelchle/Shutterstock

● O telescópio Hubble fica no espaço, fora da atmosfera terrestre. Isso permite observações bem detalhadas do planeta Terra.

Já foram ao espaço cinco equipes de manutenção, e é previsto que o Hubble seja substituído em 2021. Até lá, outros telescópios de grande porte serão enviados ao espaço, como o James Webb, um dos mais incríveis produtos tecnológicos da história da humanidade.

Elementos não proporcionais entre si.

NASA, ESA, AND THE HUBBLE HERITAGE TEAM (STSCI / AURA)/SPL/Fotoarena

● Em 1995, o Hubble captou esta imagem, chamada pelos cientistas de "Pilares da Criação".

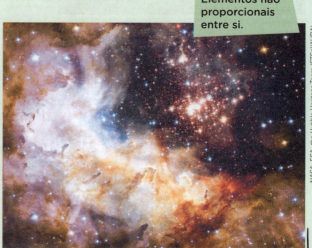

NASA, ESA, the Hubble Heritage Team (STScI/AURA), A. Nota (ESA/STScI), and the Westerlund 2 Science Team

● Outra imagem captada: aglomerado estelar de 13 anos-luz de comprimento, cercado por uma nuvem.

Os astros

Astro é o nome dado a todos os **corpos celestes**.

O Sol e as outras estrelas, os satélites (como a Lua) e os planetas são astros. Eles podem ser luminosos ou iluminados.

Astro luminoso é aquele que tem luz própria, como o Sol e as outras estrelas.

Astro iluminado é aquele que não tem luz própria; ele apenas reflete a luz que recebe de uma estrela. É o caso dos planetas, como a Terra, dos satélites, como a Lua, e dos planetas-anões, como Plutão.

● Lua: astro iluminado.

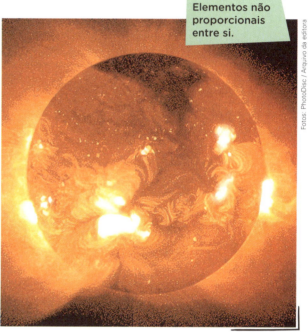

Elementos não proporcionais entre si.

Fotos: PhotoDisc / Arquivo da editora

● Sol: astro luminoso.

Planetas são astros grandes o suficiente para que a sua própria **órbita** os deixe com a forma arredondada. Eles giram em torno de uma estrela, como o Sol, da qual recebem luz e calor.

órbita: trajetória do astro.

Satélites são astros que giram em torno dos planetas. A luz refletida por eles vem da mesma estrela que ilumina o planeta ao redor do qual eles giram.

Assim, a Terra é um planeta iluminado pelo Sol. A Lua é o satélite natural da Terra. O brilho da Lua que vemos da Terra nada mais é do que o reflexo da luz que ela recebe do Sol.

Atividades

1 Complete as frases a seguir com as palavras que aparecem no quadro:

Sol	**satélites**	**planetas**
Lua	**estrela**	**Terra**

a) O .... é uma .... e tem luz própria.

b) A .... é um planeta e a .... é um satélite. Elas não têm luz própria.

c) Os .... giram em torno de uma estrela e os .... giram em torno dos planetas.

2 Leia o texto a seguir:

[...] a primeira missão espacial tripulada brasileira [foi] batizada como "Missão Centenário" [...]. A tripulação, composta por Marcos Pontes (primeiro astronauta e cosmonauta brasileiro), Pavel Vinogradov (cosmonauta russo) e Jeffrey Williams (astronauta americano), teve a sua decolagem realizada no dia 29 de março de 2006, às 23h30 (horário no Brasil), no Centro de Lançamento de Baikonur, no Cazaquistão, a bordo da espaçonave russa ISS Soyuz 12 (TMA-8), levando 8 experimentos brasileiros (5 científicos, 1 tecnológico e 2 educativos) para serem estudados a bordo da Estação Espacial Internacional. [...]

● Marcos Pontes, astronauta brasileiro, em 2006.

A conquista do espaço: do Sputnik à Missão Centenário, de Marcos César Pontes. Capítulo 10 – O Brasil na Estação Espacial Internacional – ISS. p. 299. Othon C. Winter; Antônio F. B. A. Prado (Org.). Disponível em: <http://www.cdcc.usp.br/cda/oba/aeb/a-conquista-do-espaco/Capitulo-10.pdf>. Acesso em: 10 abr. 2019.

● Agora, converse com o professor e os colegas e responda: Por que as missões espaciais são importantes?

3 Você gosta de jogos de tabuleiro? Vá à página **3**, atividade **1**, do **Caderno de criatividade e alegria**, e divirta-se!

O brilho das estrelas

Entenda o que acontece com o brilho das estrelas.

Em uma noite sem nuvens, podemos ver muitas estrelas no céu. Durante o dia, porém, somente o Sol é visível; as outras estrelas "desaparecem".

Para ver por que isso acontece, realize a experiência a seguir. O professor vai levar a classe a um lugar da escola que não tenha luz.

Material

- lanterna a pilha
- papel-alumínio
- palitos de dente

Sergiy Kuzmin/Shutterstock

Passakorn sakulphan/Shutterstock

noophoto/Shutterstock

Elementos não proporcionais entre si.

Procedimentos

1 Coloque um pedaço de papel-alumínio sobre a lente da lanterna. Dobre-o nas beiradas.

2 Com o auxílio do professor e com muito cuidado, faça pequenos furos no papel com a ponta do lápis.

Ilustra Cartoon/Arquivo da editora

3 Apague as luzes do local, acenda a lanterna, direcione-a para a parede e observe.

4 Depois, acenda novamente a luz e verifique o que acontece.

Observação e conclusão

1 Converse com os colegas e o professor sobre o que você observou com a luz da sala apagada e com ela acesa. Tente explicar aos colegas por que isso acontece.

2 Agora, responda: Por que, durante o dia, podemos ver o Sol, mas não podemos ver outras estrelas?

O SISTEMA SOLAR

O Sistema Solar é composto de Sol, planetas, planetas-anões, satélites e de pequenos corpos celestes, como asteroides (corpos celestes que gravitam em torno do Sol), cometas, entre outros.

Há oito planetas no Sistema Solar: Mercúrio, Vênus, Terra, Marte, Júpiter, Saturno, Urano e Netuno.

Cores fantasia.

Elementos não proporcionais entre si.

Elementos em distâncias não reais entre si.

Representação do Sistema Solar.

Os planetas formam basicamente dois grandes grupos: os quatro pequenos planetas rochosos perto do Sol (Mercúrio, Vênus, Terra e Marte) e os quatro planetas maiores, gasosos e mais distantes do Sol (Júpiter, Saturno, Urano e Netuno). Plutão, que anteriormente era considerado planeta, foi rebaixado à categoria de planeta-anão.

Até hoje só foi detectada vida no planeta Terra. Acredita-se que nos demais planetas não haja condições favoráveis para a existência de seres vivos, uma vez que as temperaturas são muito quentes ou frias demais e não há água e outros recursos que proporcionem a sobrevivência de espécies, tais como conhecemos aqui na Terra.

Porém, em 2015, a sonda Curiosity, enviada ao planeta Marte, encontrou "vestígios" de água congelada naquele planeta. Já em 2018, pesquisadores italianos anunciaram pistas sobre a presença de água líquida em Marte. Essa descoberta trouxe a possibilidade de haver algum tipo de vida nesse planeta. Mas nada ainda confirmado.

A origem do Sistema Solar

Não se sabe exatamente quando o Universo foi criado, mas existem várias teorias.

Embora não sejam totalmente confirmadas, algumas dessas teorias explicam a origem do Sistema Solar com base em fortes **indícios**.

indícios: pistas; algo que indica a existência de uma outra coisa.

Cores fantasia.

Elementos não proporcionais entre si.

Elementos em distâncias não reais entre si.

NASA

● Representação artística do surgimento do Universo.

A teoria do *big-bang* é a mais aceita pela comunidade científica. Astrônomos, matemáticos e cientistas das mais diversas nacionalidades e épocas acreditam que o Sistema Solar tenha surgido há mais de treze bilhões de anos em decorrência de uma grande explosão que teria ocorrido no espaço (o *big-bang*). Segundo essa teoria, o Universo está em contínua expansão.

Ainda que os próprios cientistas não tenham chegado a uma conclusão a respeito de como tudo começou, essa é a teoria mais aceita para explicar a origem do Sistema Solar.

Telescópio Kepler não está mais operando, anuncia Nasa

A Nasa divulgou na terça-feira [30/10/2018] que o Kepler, um telescópio que tem analisado planetas distantes nos últimos nove anos, ficou sem combustível e não realizará mais pesquisas científicas.

Desde o seu lançamento, em março de 2009, o Kepler identificou mais de 2,6 mil planetas localizados para além do Sistema Solar. Além disso, descobriu que até metade das estrelas visíveis da superfície terrestre pode ser cercada por pequenos planetas rochosos semelhantes à Terra. Antes do lançamento da sonda, apenas uma centena dos planetas fora do Sistema Solar eram conhecidos.

No início de 2018, o telescópio ficou com pouco combustível e a Nasa começou a planejar um programa de substituição. Os astrônomos, entretanto, não ficarão sem um equipamento para realizar descobertas de objetos espaciais distantes. Conhecido como "o caçador de planetas", o satélite TESS foi lançado em abril deste ano e já observou milhares de estrelas em busca de novos mundos.

A agência espacial prevê que o novo satélite funcione por cerca de dois anos e que encontre 10 mil planetas grandes, entre eles, por volta de 50 que sejam até quatro vezes maiores do que a Terra. No momento, o TESS está procurando exoplanetas na região sul do céu, observando 15 900 estrelas a cada dois minutos. É por meio da variação do brilho delas que o aparelho pode encontrar novos objetos.

Telescópio Kepler não está mais operando, anuncia Nasa. **Revista Galileu**, 31 out. 2018. Disponível em: <https://revistagalileu.globo.com/Ciencia/noticia/2018/10/telescopio-kepler-nao-esta-mais-operando-anuncia-nasa.html>. Acesso em: 22 jan. 2019.

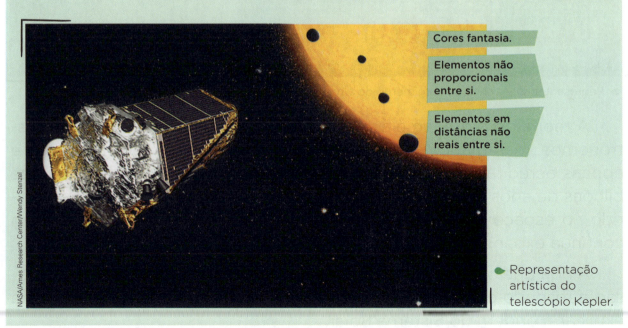

Cores fantasia.

Elementos não proporcionais entre si.

Elementos em distâncias não reais entre si.

Representação artística do telescópio Kepler.

Atividades

1 Assinale as frases verdadeiras.

☐ O Sistema Solar é formado por astros que giram em torno do Sol, como planetas, planetas-anões, satélites e pequenos corpos celestes, como asteroides e cometas.

☐ O Sol é um astro iluminado e a Terra é um astro luminoso.

☐ A Terra e a Lua são astros iluminados.

☐ Planetas são astros que têm forma arredondada e que giram em torno de uma estrela.

☐ Plutão é considerado um planeta-anão.

☐ Satélites são astros que giram em torno de várias estrelas.

• Reescreva abaixo a(s) frase(s) errada(s), corrigindo-a(s):

....

....

2 Observe novamente o esquema do Sistema Solar mostrado na página 16 e responda às questões a seguir.

a) Qual planeta recebe mais luz e calor do Sol? Por quê?

....

....

b) Qual é o planeta mais frio do Sistema Solar? Por quê?

....

3 Você já imaginou descobrir outro sistema planetário? Faça a atividade 3 da página **7** do **Caderno de criatividade e alegria** e descubra!

O TEMA É...

Como surgiu o Universo: um mito africano da criação

Várias são as histórias em diferentes culturas para explicar a origem do mundo. Leia o texto a seguir, que fala da criação do Universo de acordo com um mito africano.

 No início só havia **Olorum**.

Ele pairava sobre o nada. Tudo era igual, tudo do mesmo jeito, tudo parado.

Embora existindo por si mesmo, Olorum, o senhor da vida, não se contentava em viver sozinho, sem ter o que ver, ouvir, cheirar, tocar, sem ter com quem conversar. Aborrecido, entediado com tal situação, Olorum decidiu criar um lugar para encontrar as coisas. Esse lugar seria o mundo. [...]

Preocupado em resolver a situação, Olorum chamou Oxalá, seu filho mais velho, e lhe disse:

— É preciso que se forme o Ayê, a Terra, e você tem a missão de criá-lo. [...]

Com a ajuda de Olorum, Oxalá não deixou de pensar em cada coisa a ser criada. Pensou no céu, com as estrelas, a Via Láctea, o Sol e a Lua. Alegrou-se com a ideia de separar o dia e a noite, mas de certa forma uni-los, porque quando um dormisse o outro acordaria e, sempre no fim do dia, se encontrariam na barra do horizonte. [...]

Ele idealizou como seria a Terra, uma parte sólida e outra líquida. Planícies, montanhas, cordilheiras, florestas, campos e jardins. Oceanos, ilhas, rios, lagos e lagoas. Imaginou todas as espécies de animais, os da terra, os do ar e os do mar.

[...]

Orum Ayê: um mito africano da criação, de Raimundo Matos Leão. São Paulo: Scipione, 2014.

1   Você conhece alguma outra história ou mito de origem africana? Se conhecer, compartilhe-o com seus colegas.

2   Se você pudesse criar o mundo, como ele seria? Em uma folha avulsa, faça um desenho para ilustrar a sua ideia. Compartilhe sua produção com os colegas.

3   Forme um grupo com quatro colegas para pesquisar outros mitos africanos. Organizem as informações encontradas e montem um painel na sala de aula. Convidem os alunos de outras salas para conhecer um pouco mais da cultura africana.

Cores fantasia.

Elementos não proporcionais entre si.

Ilustra Cartoon/Arquivo da editora

O planeta Terra é envolvido por uma camada de ar chamada **atmosfera**.

O ar atmosférico é composto de uma mistura de gases, entre eles o gás oxigênio e o gás carbônico, usados na respiração e na fotossíntese, respectivamente.

A atmosfera protege a Terra do excessivo calor do Sol durante o dia e mantém a superfície aquecida à noite. Além disso, absorve boa parte das radiações solares prejudiciais à vida.

E no interior de nosso planeta, o que você acha que existe?

A Terra é formada por três camadas principais: a crosta, o manto e o núcleo.

Nós vivemos sobre a crosta terrestre, a superfície sólida da Terra.

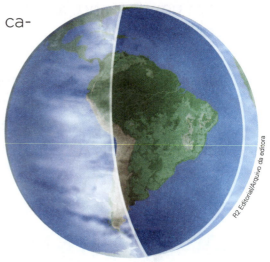

R2 Editorial/Arquivo da editora

● Atmosfera é a camada de ar que envolve o planeta Terra.

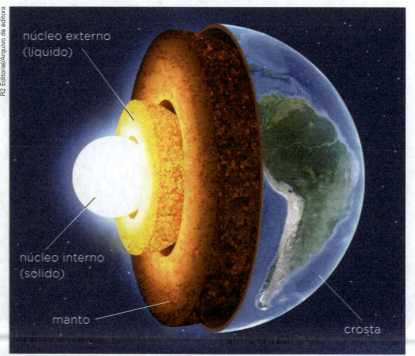

R2 Editorial/Arquivo da editora

núcleo externo (líquido)

núcleo interno (sólido)

manto

crosta

Cores fantasia.

Elementos não proporcionais entre si.

● Representação esquemática do interior da Terra.

Fonte: STANLEY, Steven M. **Earth System History**. Nova York: Freeman, 1999. p. 15.

A crosta terrestre

A camada que forma a superfície da Terra é chamada **litosfera**. É sobre a camada mais externa da litosfera, chamada **crosta terrestre**, que nós, seres humanos, assim como uma grande variedade de seres vivos, vivemos. Nela, podemos ver terra, rochas e montanhas, por exemplo.

Tales Azzi/Pulsar Imagens

falésias: terras ou rochas altas e íngremes à beira-mar.

● **Falésias** na praia de Pipa, em Tibau do Sul (RN), 2017.

A maior parte da crosta terrestre é coberta por água. O conjunto dessas águas, formado pelos oceanos, mares, rios e lagos, recebe o nome de **hidrosfera**.

Daniel Santos/Alamy/Fotoarena

● Lagoa do Fogo, na ilha de São Miguel, nos Açores (Portugal), 2017.

O manto

Abaixo da crosta está o **manto**. A temperatura no manto é muito mais alta do que na crosta.

O material existente no manto – rochas derretidas e gases – é chamado de **magma**. Em razão do enorme calor ali existente, o magma escorre vagarosamente, como se fosse um fluido (líquido) muito viscoso.

Algumas porções de magma presentes na parte mais externa do manto podem atingir a superfície da Terra por meio de aberturas e rachaduras na crosta. Esse material que chega à superfície é chamado de **lava**.

Até hoje, tudo o que os cientistas descobriram sobre o manto foi pela análise de lavas, pois nem o poço mais profundo do mundo chegou ao manto.

Vulcão é uma abertura na crosta terrestre que permite a saída do magma e seus gases à superfície. Na fotografia, o vulcão Mayon, nas Filipinas, durante erupção em 8 de março de 2018.

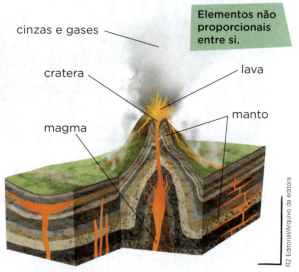

Cores fantasia.

Elementos não proporcionais entre si.

cinzas e gases

cratera

magma

lava

manto

Esquema simplificado que mostra a estrutura interna de um vulcão.

O núcleo

O núcleo fica no centro da Terra. Ele é composto de ferro e níquel. Na parte mais externa, o núcleo é fluido; na parte mais interna, é sólido. No núcleo estão as temperaturas mais altas, ou seja, ele é a parte mais quente do planeta.

Muitas pessoas pensam que os vulcões são formados no núcleo da Terra, mas, na realidade, a maior parte deles surge na crosta, quando os materiais fundidos que se localizam a cerca de 40 km abaixo da superfície se chocam e o magma escapa.

Atividades

1 O que podemos ver na superfície do planeta?

....

2 A Terra, segundo os pesquisadores, é composta basicamente de três camadas. Quais são elas?

....

3 Complete as frases com as palavras do quadro.

manto	rochas, solo e água	litosfera
hidrosfera	atmosfera	núcleo

a) A camada que forma a superfície da Terra é chamada

....

b) A crosta terrestre é a camada mais externa da litosfera e é forma-da por ....

c) As águas dos oceanos, mares, lagos e rios constituem a

....

d) No centro da Terra encontra-se o ...., que é a ca-mada mais quente do planeta.

e) A camada de ar que envolve a Terra é a ....

f) O .... é a camada da Terra situada logo abaixo da crosta.

4 Para conseguir visualizar as camadas da Terra, faça a atividade **2** do **Caderno de criatividade e alegria**, na página **6**.

4

OS PONTOS CARDEAIS

Hoje em dia, quando precisamos ir a algum lugar, é necessário ter o endereço ou alguma referência para chegar até o local desejado, não é mesmo? Mas nem sempre foi tão simples assim.

Para facilitar o deslocamento, os povos antigos, em suas viagens terrestres ou marítimas, orientavam-se pela posição do Sol, das estrelas e de outros astros celestes.

● As grandes embarcações utilizavam a posição do Sol para se localizar nos mares.

Atualmente são várias as formas usadas para a orientação. Uma delas é por meio dos pontos cardeais. São eles: norte (N), sul (S), leste (L) e oeste (O).

Se você observar diariamente o nascer ou o pôr do sol, verá que todos os dias o Sol nasce no horizonte, a leste. No decorrer do dia, ele descreve uma trajetória no céu e, então, se põe em outro ponto oposto no horizonte, a oeste. Observe a imagem.

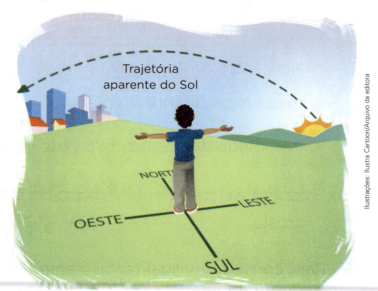

Trajetória aparente do Sol

NORTE
LESTE
OESTE
SUL

Ilustrações: Ilustra Cartoon/Arquivo da editora

Os povos antigos também observaram que havia variações na posição das estrelas e do Sol. Por isso, eles passaram a construir instrumentos mais precisos de orientação.

Assim, com base na observação dos astros, eles criaram instrumentos simples para indicar as direções, baseados no movimento aparente do Sol.

Um deles é o gnômon, um tipo de relógio de sol. Trata-se de uma estaca de madeira fincada no solo que permite, de acordo com a sombra produzida pelo movimento do Sol, marcar as horas do dia.

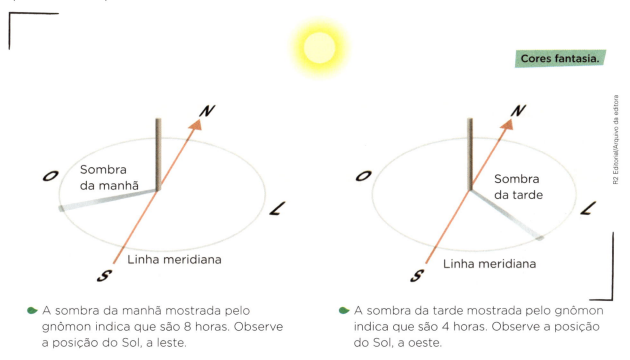

Cores fantasia.

● A sombra da manhã mostrada pelo gnômon indica que são 8 horas. Observe a posição do Sol, a leste.

● A sombra da tarde mostrada pelo gnômon indica que são 4 horas. Observe a posição do Sol, a oeste.

Mais tarde foram adicionadas escalas de medidas em torno do gnômon para que se pudesse dividir o dia em períodos de tempo mais curtos. Essa divisão mais precisa data de 1500 anos a.C.

Podemos observar que o Sol, além de servir de referência para a divisão do tempo durante o dia, também auxilia nossa orientação.

Como vimos, o Sol nasce na posição leste (nascente) e se põe a oeste (no poente). Se você estiver posicionado de frente para o Sol, você estará olhando para o norte e, às suas costas, estará o sul.

● Antigo gnômon datado de 1720 na Namíbia, em fotografia de 2017.

Definindo os pontos cardeais com um gnômon

Com base no que você aprendeu, vamos definir os pontos cardeais a partir do local onde você está, por meio de sombras projetadas no solo.

Material

- uma haste de madeira (20 cm)
- duas estacas
- régua
- esquadro
- lápis
- barbante
- giz

Procedimentos

1 Escolha um local na escola onde haja incidência de luz solar na parte da manhã e da tarde.

2 Fixe a haste no chão e utilize o esquadro para alinhar a haste de forma perpendicular ao chão.

3 Durante a manhã, marque com o giz a extremidade da sombra do gnômon, colocando uma pequena estaca nesse ponto.

4 Prenda um barbante à base do gnômon e estique-o até a estaca. Com o giz e o barbante na medida da estaca, trace uma curva que corresponda a um arco de circunferência, da esquerda para a direita, saindo da estaca.

5 Observe o momento em que a sombra toca a linha traçada no chão e coloque a outra estaca nesse ponto.

6 Trace um triângulo, ligando os pontos onde se encontram as duas estacas e a haste.

Cores fantasia.

7 Ao traçarmos uma linha que parte da haste e cruza o meio da base do triângulo teremos a "linha meridiana". Ela indica a direção norte-sul. O lado onde o Sol apareceu é o leste, e onde ele se pôs é o oeste. A linha pode ser traçada com o uso do esquadro.

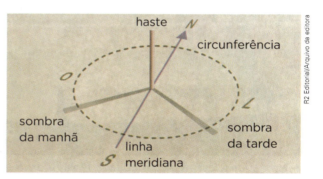

● Esquema da definição dos pontos cardeais a partir das sombras do gnômon em diferentes momentos do dia.

Elaborado com base em: Construção dos pontos cardeais utilizando um gnômon, de Ana Paula N. Camillo; Fábia Lino; Washington G. Pereira. **Ciência à mão**. Disponível em: <http://www.cienciamao.usp.br/tudo/exibir.php?midia=aas&cod=_indefinidognomon>. Acesso em: 28 jan. 2019.

Observação e conclusão

1 Após a montagem do gnômon na escola, responda:

a) Em que direção fica a sua casa?

....

b) Qual é a direção da frente da escola?

....

2 Se possível, tente fazer a montagem de um gnômon em sua casa. Não esqueça de observar a posição do Sol! Estabeleça os pontos cardeais e indique o que pode ser encontrado em cada uma das direções: norte, sul, leste e oeste.

Atividades

1 Observe a imagem:

sarosa/Alamy/Fotoarena

● Nômades (pessoas sem habitação fixa) e dromedários deslocam-se ao pôr do sol no deserto do Saara, Marrocos, 2015.

a) Deduzindo-se que o Sol está se pondo, em que direção as pessoas estão indo?

....

....

b) Como você pode afirmar a sua resposta?

....

....

....

....

2 Em um dia ensolarado, e seguindo a orientação de seu professor, você deve ir ao pátio da escola em dois horários diferentes para observar a posição da sombra produzida pelo Sol. Leve seu livro e anote suas observações.

a) A que horas você foi ao pátio pela primeira vez? Como estava a sombra produzida pelo Sol?

....

b) A que horas você foi ao pátio pela segunda vez? O que você observou?

....

3 Os povos indígenas aplicavam técnicas próprias para orientação espacial. Vá às páginas **8** e **9** do **Caderno de criatividade e alegria**, faça as atividades **4** e **5** e descubra!

A bússola

A bússola é um dos instrumentos de orientação mais importantes já inventados. Ela contém uma agulha magnetizada que sempre aponta para a direção norte. Vamos construir uma bússola?

Good Luck Photo/Shutterstock

Material

- uma agulha de costura
- um pedaço de ímã
- uma rolha de cortiça
- uma vasilha com água
- fita adesiva

Procedimentos

1 Esfregue a agulha no pedaço de ímã.

2 Prenda a agulha no ímã com um pedaço de fita adesiva. Observe a imagem ao lado.

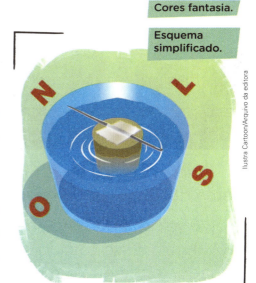

Cores fantasia.

Esquema simplificado.

Ilustra Cartoon/Arquivo da editora

3 Coloque a rolha dentro da vasilha com água. Observe que a ponta maior da agulha sempre apontará para a direção norte, e a menor, para o sul.

4 Com os colegas e o professor, leve a bússola para o pátio e faça comparações com o gnômon que vocês construíram em aulas anteriores.

5 Agora, responda: As direções indicadas pela bússola são as mesmas apresentadas pelo gnômon?

OS MOVIMENTOS DA TERRA

Para entendermos como ocorre a sucessão dos dias e das noites precisamos estudar os movimentos da Terra.

A Terra vive em constante movimento no Universo. Os dois principais movimentos são o de **rotação** e o de **translação**.

Movimento de rotação

O movimento de rotação é o giro que o planeta Terra realiza ao redor de seu próprio eixo, como se fosse um pião, sempre no sentido de oeste para leste. Os dias e as noites são uma consequência desse movimento, já que nem todas as partes do planeta são iluminadas pelo Sol ao mesmo tempo.

Cores fantasia.

Elementos não proporcionais entre si.

Elementos em distâncias não reais entre si.

● A imagem mostra o movimento de rotação da Terra. Observe que quando a Terra está com uma parte iluminada pelo Sol, a outra está escura.

R2 Editorial/Arquivo da editora

O movimento de rotação tem a duração aproximada de um dia, ou cerca de 23 horas, 56 minutos e 4 segundos.

A velocidade aproximada do movimento de rotação da Terra é de 1675 km/h. Esse cálculo foi feito considerando-se um ponto na linha do equador, onde o raio é igual a 6400 km, e as 23,56 horas que o planeta leva para dar uma volta em seu próprio eixo. Em outros pontos situados na superfície terrestre, o cálculo da velocidade de rotação será menor.

Mas por que não sentimos a Terra girar?

O movimento constante sobre o seu eixo faz com que não possamos perceber o movimento, já que até a atmosfera terrestre acompanha essa rotação.

Movimento de translação

Além de girar em torno de si mesma, a Terra gira ao redor do Sol: esse é o movimento de translação.

Para dar uma volta completa em torno do Sol, a Terra leva 365 dias (mais 5 horas, 45 minutos e 46 segundos). As seis horas aproximadas que excedem aos 365 dias, a cada quatro anos, totalizariam 24 horas, ou seja, um dia. Por isso, foi acrescentado um dia no mês de fevereiro, a cada quatro anos, a fim de compensar essa diferença. Esse ano com 366 dias é chamado **ano bissexto**.

A Terra gira inclinada em relação ao plano de sua órbita. Por isso, ela não recebe a luz e o calor do Sol de maneira uniforme (ou por igual). Ora é o **hemisfério** norte que recebe os raios solares mais diretamente, ora é o hemisfério sul.

hemisfério: cada uma das metades da Terra, se dividida em duas partes: norte e sul.

A inclinação da Terra em relação ao plano de sua órbita e o movimento de translação dão origem às estações do ano: **primavera**, **verão**, **outono** e **inverno**. Observe a seguir.

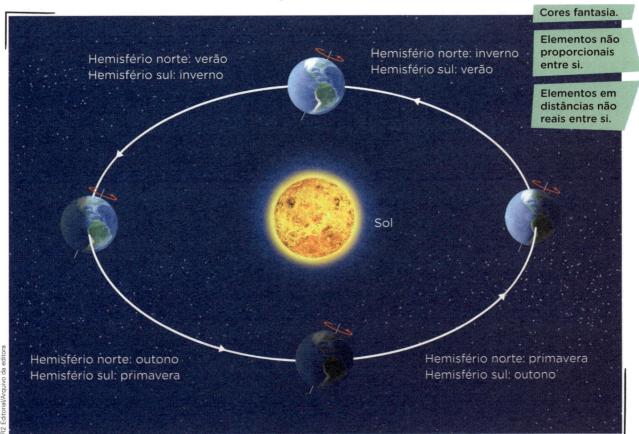

Cores fantasia.

Elementos não proporcionais entre si.

Elementos em distâncias não reais entre si.

Hemisfério norte: verão
Hemisfério sul: inverno

Hemisfério norte: inverno
Hemisfério sul: verão

Sol

Hemisfério norte: outono
Hemisfério sul: primavera

Hemisfério norte: primavera
Hemisfério sul: outono

● A imagem mostra o movimento de translação da Terra. Observe que durante esse movimento as estações do ano nos hemisférios norte e sul são "opostas".

Solstício

A duração das noites e dos dias não é a mesma durante todo o ano.

O dia mais longo do ano se chama **solstício de verão**, e a noite mais longa do ano é o **solstício de inverno**. Esses fenômenos ocorrem duas vezes por ano e marcam o início dessas estações.

O fato de a Terra girar de forma inclinada faz com que, em determinada época do ano, a luz solar seja mais intensa sobre o hemisfério sul (onde fica o Brasil) e, em outro período do ano, seja mais intensa sobre o hemisfério norte, caracterizando o solstício.

O dia 22 de dezembro é o mais longo do ano no hemisfério sul e, consequentemente, a noite mais curta, o que marca o início do verão.

O dia 22 de junho tem a noite mais longa e o dia mais curto do ano no hemisfério sul, o que marca o início do inverno.

Equinócio

Em dois dias do ano, a luz solar incide de maneira igual sobre os hemisférios sul e norte. Por isso, a noite e o dia têm a mesma duração. A esse fenômeno damos o nome de **equinócio**.

Esses dias marcam o início de outras estações do ano. No caso do hemisfério sul, 23 de setembro representa o equinócio de primavera e 21 de março representa o equinócio de outono.

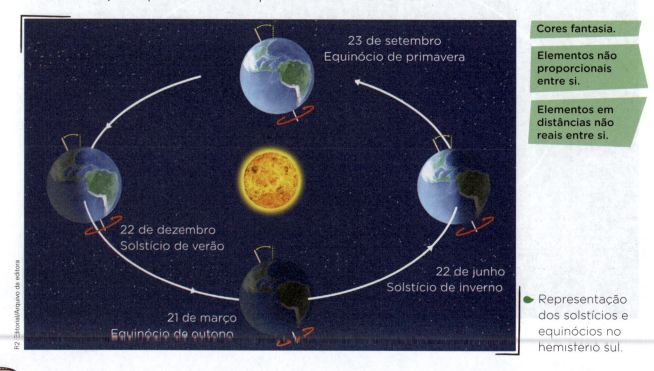

Cores fantasia.

Elementos não proporcionais entre si.

Elementos em distâncias não reais entre si.

23 de setembro
Equinócio de primavera

22 de dezembro
Solstício de verão

22 de junho
Solstício de inverno

21 de março
Equinócio de outono

Representação dos solstícios e equinócios no hemisfério sul.

Atividades

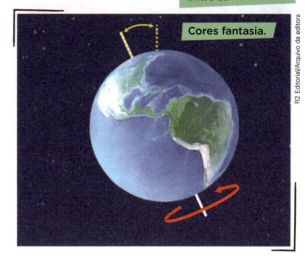

1 Como é realizado o movimento de rotação da Terra? Qual é a duração desse movimento?

....

....

....

....

2 Com que velocidade a Terra gira em torno do seu eixo? Como foi possível chegar a esse número?

....

....

3 Explique com suas palavras: Por que não sentimos a Terra girar?

....

....

4 O que são equinócios e solstícios? Quando eles acontecem?

....

....

....

5 Qual é a estação do ano de que você mais gosta? Por quê?

....

....

....

6

A LUA E SEUS MOVIMENTOS

A Lua é o único satélite natural da Terra. Satélites são astros iluminados, ou seja, eles não possuem luz própria.

A Lua, assim como a Terra, é iluminada pelo Sol e se movimenta o tempo todo. Podemos destacar três movimentos:

- o de **rotação**, no qual ela gira em torno do seu próprio eixo;

- o de **revolução** em torno da Terra; e

- o de **translação**, junto com a Terra, em torno do Sol.

As fases da Lua

Ao observarmos a Lua no céu, estamos vendo sua porção que reflete a luz solar. Dependendo da movimentação da Terra e da Lua e de suas posições em relação ao Sol, vemos diferentes porções iluminadas do satélite; por isso a Lua aparenta mudar de forma ao longo dos dias. As diferentes aparências da Lua são chamadas de fases. O conjunto das fases é chamado de ciclo lunar ou lunação e dura cerca de 29 dias e meio.

Fabio Colombini/Acervo do fotógrafo

Fase crescente, uma das quatro principais fases da Lua.

Saiba mais

A origem dos calendários

Ao longo da História, o ser humano sempre procurou marcar o tempo de alguma forma, fosse para saber o melhor período para a agricultura, para a pesca, para festejar ou mesmo para reconhecer a passagem do tempo.

Foi por meio da observação de eventos regulares no céu, como o nascer e o pôr do sol, as fases da Lua e a passagem dos dias e das noites, que os antigos povos criaram os calendários.

Vários tipos de calendários foram inventados por diversos povos e culturas. No Brasil, assim como em grande parte do mundo, seguimos o **calendário cristão** ou **gregoriano**. Ele considera ano I o ano do nascimento de Cristo.

Atividades

1 Qual é o movimento que a Lua faz com a Terra em volta do Sol?

....

2 Por que sempre vemos a mesma face da Lua aqui da Terra?

....

....

....

3 O que dá origem às fases da Lua?

....

....

4 Em que fase da Lua pode se dar o eclipse do Sol? E o que acontece?

....

....

....

....

5 Em que momentos há inversão da visão nos hemisférios sul e norte do formato da Lua?

....

6 Para que servem os calendários?

....

....

....

O AMBIENTE E SEUS COMPONENTES

Entre nesta roda

- Observe as pessoas fora de casa. O que elas estão fazendo? Você observa alguma pessoa modificando o solo? Para que você acha que isso está sendo feito?

- Observe a família dentro da casa. Que materiais podem ser misturados para fazer um bolo? E para fazer uma limonada ou um picolé de limão? O que é uma mistura?

- Na cena, um homem está prestes a pintar a cerca da casa. O que pode acontecer se ele misturar as cores das tintas?

Nesta Unidade vamos estudar...

- Matéria e suas transformações
- Solo, água, ar
- Exploração dos recursos naturais

7   O SOLO

Composição do solo

O solo é formado por partículas de rochas que se desgastaram com

Luís Moura/Arquivo da editora

Cores fantasia.

Elementos não proporcionais entre si.

● Esquema do solo em corte.

o passar do tempo e por restos de animais e vegetais mortos já decompostos, ou seja, que apodreceram ao longo do tempo. Isso significa que, na composição do solo, há material mineral e também orgânico.

Debaixo do solo está o **subsolo**, que é uma camada composta de rochas. Observe:

Tipos de solo

Os componentes do solo não são encontrados em quantidades equilibradas em todos os locais. Pode haver predomínio de um ou de outro componente, o que acaba dando características especiais ao solo de cada lugar.

Dependendo de sua composição, o solo pode ser classificado em: **arenoso**, **argiloso**, **calcário** e **humífero**.

O **solo arenoso** é muito seco, formado basicamente por areia. É muito permeável (os grãos de areia são maiores e mais soltos), o que deixa passar com facilidade a água das chuvas. Esse tipo de solo não é muito fértil.

A areia é usada na fabricação de vidro, massa para construção e concreto.

● Solo arenoso.

Svetype26/Shutterstock

O **solo argiloso** é uma terra fofa e macia, composta de grãos menores e mais compactos que os da areia. Esse tipo de solo retém água com facilidade. Os solos com muita argila não são os melhores para a agricultura, embora algumas plantas, como o cafeeiro, possam ser cultivadas neles com sucesso.

● Solo argiloso.

A argila misturada com água forma uma massa moldável, que pode ser usada para fabricar tijolos, pratos, azulejos e outros objetos. Os escultores e artesãos também a utilizam para fazer objetos de arte.

O **solo calcário** é rico em cálcio, importante nutriente para plantas e animais. O calcário vem das rochas calcárias. Sua cor geralmente é branca ou amarelada. Esse tipo de solo é bastante comum no Brasil.

● Solo calcário.

O calcário é utilizado na fabricação do cimento, da cal utilizada nas massas de construção e também do giz, entre outras aplicações.

O **solo humífero** tem aspecto escuro por causa do húmus, que é a parte orgânica do solo, ou seja, é formado por restos de seres vivos. Esse tipo de solo é rico em minerais e tem boa capacidade de retenção de água, pois, além do húmus, contém areia, argila e calcário em quantidades equilibradas.

O solo humífero é o mais fértil que existe, permitindo o cultivo da maioria dos vegetais. Por isso, também é usado como adubo para solos que estão desgastados.

● Solo humífero.

Atividades

1 Acompanhados do professor, você e seus colegas vão dar uma volta pela escola para observar os diferentes tipos de solo. Depois do passeio, responda:

- Quais são os tipos de solo encontrados? Como você os nomearia?

....

....

....

2 Complete com as características de cada tipo de solo.

Tipo: arenoso	Características: ....
Tipo: humífero	Características: ....
Tipo: argiloso	Características: ....
Tipo: calcário	Características: ....

3 Escreva o que você entendeu sobre a formação do solo.

4 Pesquise, descubra e escreva no caderno que materiais retirados das rochas são usados na construção de uma casa.

5 No **Caderno de criatividade e alegria** há uma sequência de atividades 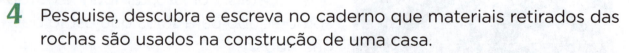 sobre o solo. Vá até as páginas **10** e **11** e faça as atividades **6**, **7** e **8**.

Permeabilidade dos solos

Vamos verificar na prática a permeabilidade dos solos?

Material

- 2 chumaços de algodão
- 2 copos com água
- 2 garrafas plásticas transparentes de 2 litros
- areia
- argila
- luvas
- relógio

Atenção! Não mexa no solo sem luvas. Alguns animais podem estar escondidos sob pedras e folhagens e podem mordê-lo ou picá-lo.

Procedimentos

1 Peça a um adulto que corte as garrafas plásticas ao meio.

2 Coloque um chumaço de algodão no gargalo de cada uma das garrafas, sem apertá-los muito.

3 Encaixe a parte superior de cada garrafa dentro da parte inferior, com o gargalo virado para baixo, formando um funil.

4 Utilizando as luvas, coloque uma quantidade de areia em um funil e a mesma quantidade de argila no outro funil, sem comprimi-las.

5 Despeje um copo de água sobre cada amostra e marque o tempo que a água leva para atravessar a areia e a argila.

6 Compare a quantidade de água recolhida e o tempo gasto nos dois recipientes.

Ilustrações: Ilustra Cartoon/Arquivo da editora

Observação e conclusão

Converse com os colegas e o professor e responda: Qual solo é mais permeável? Por quê?

Erosão

A água, o vento, a temperatura e a influência do ser humano são alguns componentes cuja ação pode interferir na superfície terrestre. Essa interferência provoca o **desgaste** das rochas e do solo. Tal processo recebe o nome de erosão e os componentes que provocam esse desgaste são os agentes da erosão.

> **desgaste:** envelhecimento, destruição ou alteração da forma original.

A erosão pode ocorrer de forma natural:

- pela variação de temperatura, que, com o passar do tempo, lentamente, faz com que as rochas se quebrem;

- pela ação da água das chuvas, que pode arrastar a terra para outros lugares, abrindo valas no solo ou removendo a camada aproveitável para a agricultura;

● As dunas de areia são resultado da ação do vento. Dunas do Parque Estadual do Jalapão, em Mateiros (TO), 2018.

- pela ação da água dos rios. A força da correnteza dos rios desgasta o solo e as rochas que estão nas suas margens, carregando grandes porções de terra de um lugar para outro. Com o tempo, o leito dos rios acaba sendo alterado;

- pela ação da água dos mares, que desgasta as rochas no litoral. As ondas batem continuamente nas rochas, provocando sua erosão;

● A força das ondas desgasta as rochas e provoca erosão. Guarda do Embau (SC), 2017.

- pela ação do vento, que carrega os grãos de areia que batem continuamente nas rochas, provocando seu desgaste.

A erosão pode ocorrer também de forma não natural, isto é, quando o ser humano destrói florestas, arrancando as árvores ou queimando-as para fazer plantações e pastos, por exemplo. Assim, a vegetação que protege o solo é alterada e não consegue mais evitar que a água e o vento carreguem a terra.

Desertificação

Quando o solo começa a perder seus nutrientes e não é mais capaz de desenvolver nenhum tipo de vegetação, ou seja, torna-se infértil, dizemos que está ocorrendo a desertificação do solo.

O processo de desertificação ocorre em vários lugares do planeta, muitas vezes por escassez de chuvas ou por interferência humana. A paisagem se transforma, a terra vai ficando seca e o lugar se torna impróprio para plantações e criações de animais.

● Área com solo em processo de desertificação em Manoel Viana (RS), 2018.

As causas mais frequentes da desertificação estão associadas ao cuidado inadequado do solo e da água nas atividades **agropecuárias** e de mineração, irrigação mal planejada, desmatamento indiscriminado, poluição do solo e excesso de fertilizantes. Os ventos e as águas também participam desse processo, já que agilizam a degradação da terra.

> **agropecuária:** prática da agricultura e da pecuária como relações conjuntas.

As causas citadas acima atrapalham o ciclo de renovação da vida. Em um solo sem nutrientes, a vegetação não cresce, o que causa um grande desequilíbrio na natureza. Portanto, a desertificação é resultado não só de fenômenos naturais, mas, principalmente, da ação humana.

Além de comprometer a **biodiversidade**, o desmatamento faz com que o solo fique exposto à erosão, o que prejudica ainda mais sua recuperação.

> **biodiversidade:** conjunto de todas as espécies de seres vivos existentes em determinada região ou época.

Com os prejuízos na agricultura, esse problema afeta diretamente o ser humano, pois muitas pessoas precisam deixar a região onde vivem e procurar outros locais para morar e cultivar a terra, além de a própria produção de alimentos ficar comprometida. Também, como consequência, ocorrem aumento da desnutrição, falência econômica, elevação na temperatura global e diminuição da umidade relativa do ar (expondo o ser humano a doenças respiratórias).

Atividades

1 Responda:

a) O que é erosão?

....

b) Quais são os principais agentes da erosão?

....

....

2 Observe a fotografia ao lado: Qual é o agente da erosão retratado? Explique com suas palavras como acontece a erosão.

....

....

....

3 Leia a manchete de jornal a seguir.

Desertificação cresce e ameaça terras do Nordeste, Minas e Espírito Santo

Área afetada aumentou 482% nos últimos cinco anos devido ao desmatamento da caatinga e do cerrado, ao uso intensivo do solo, à irrigação inadequada e à mineração excessiva.

Desertificação cresce e ameaça terras do Nordeste, Minas e Espírito Santo, de Otávio Augusto. **Correio Brasiliense**, 20 maio 2018. Disponível em: <https://www.correiobraziliense.com.br/app/noticia/brasil/2018/05/20/interna-brasil,681929/desertificacao-cresce-e-ameaca-terras-do-nordeste-minas-e-espirito-sa.shtml>. Acesso em: 1º fev. 2019.

• O que você acha que pode ser feito para conter a desertificação?

....

....

Cuidados com o solo

É do solo que o ser humano e outros animais retiram a maior parte dos alimentos de que necessitam para viver.

Os solos apropriados para o plantio devem reter certa quantidade de água, necessária para o desenvolvimento das plantas. Devem ser compostos de uma mistura equilibrada de areia, argila, calcário e húmus.

Observe, a seguir, os esquemas representando um solo em desequilíbrio e um solo em equilíbrio.

Para garantir boas condições para o plantio e evitar o empobrecimento do solo, é preciso tomar alguns cuidados, como a **irrigação**, a **drenagem**, a **adubação** e a **aração do solo**.

Cores fantasia.

Elementos não proporcionais entre si.

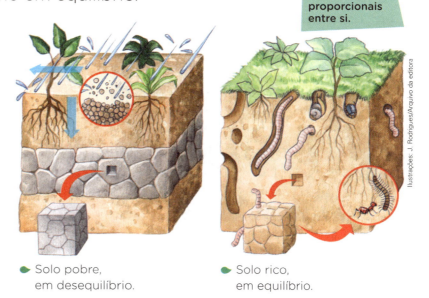

Ilustrações: J. Rodrigues/Arquivo da editora

● Solo pobre, em desequilíbrio.

● Solo rico, em equilíbrio.

Irrigação

Os solos secos devem ser irrigados, isto é, precisam ser molhados.

A água utilizada na irrigação pode ser obtida de vários modos: desviando rios com canais (a fim de que a água chegue até o solo cultivado); construindo açudes; abrindo poços; etc.

● Plantação com sistema de irrigação, em Taquaritinga (SP), 2018.

Du Zuppani/Pulsar Imagens

Drenagem

Nos solos muito úmidos, é preciso fazer a drenagem, isto é, retirar o excesso de água. A drenagem pode ser feita por meio de valas e tubos.

● Valas de drenagem em plantação em Castro (PR), 2017.

Adubação

Em uma plantação, à medida que se desenvolvem, as plantas absorvem minerais do solo. Com isso, ele empobrece.

● Adubação.

Os solos com poucos nutrientes precisam ser adubados. Para adubar o solo, acrescentando as substâncias de que as plantas precisam para se desenvolverem, podemos utilizar excrementos de animais, raízes, folhas e frutos em decomposição ou fertilizantes.

Aração

Para facilitar a retenção de água e a circulação de ar na terra, é preciso arar o solo.

A aração pode ser feita com enxadas ou com o arado, puxado por animais ou por trator.

● Aração.

Manutenção da vegetação

Sem a vegetação, o solo fica desprotegido e sofre erosão, tornando-se impróprio para o plantio.

Para conservar o solo e manter certo equilíbrio ambiental, é importante a manutenção de áreas naturais, principalmente as localizadas próximo às áreas de cultivo.

As queimadas e a derrubada de árvores, quando realizadas de forma desordenada, causam sérios danos ao solo e ao meio ambiente.

Atividades

1 Você conhece alguma propriedade agrícola? Já observou o solo arado, adubado ou irrigado? Conte aos colegas.

2 O que você acha que os agricultores devem fazer em cada situação abaixo para ter uma boa colheita?

O QUE POSSO FAZER PARA MELHORAR ESTE SOLO SECO E APROVEITAR AS TERRAS PARA PLANTAR?

ESTE SOLO ESTÁ POBRE, FALTAM SAIS MINERAIS. O QUE POSSO FAZER?

Ilustrações: Ilustra Cartoon/Arquivo da editora

3 A erosão pode causar graves desequilíbrios nos ambientes. O que pode ser feito para evitar que isso aconteça?

4 Na sua opinião, as suas ações têm alguma relação com a erosão do solo? Conte aos colegas.

5 O solo é usado pelas pessoas com diferentes finalidades. Em uma folha avulsa, faça uma lista dos usos do solo que você conhece. Depois, em grupo, liste com os colegas os impactos ambientais e econômicos dos principais usos que vocês escreveram.

8 A ÁGUA

Você sabe por que a Terra é conhecida como **planeta água**?

Porque a maior parte da superfície terrestre é coberta por água. Ela está nos oceanos, nos mares, nos rios e nos lagos.

Existe água também no ar, em forma de vapor, e, ainda, no solo, em nosso corpo, no corpo dos outros animais e nas plantas.

A água é um recurso indispensável aos seres vivos. Sem ela, não seria possível a existência de vida no nosso planeta da forma como a conhecemos.

Apenas uma pequena parte do total de água da Terra é doce. Ela pode ser encontrada na atmosfera, em rios, lagos e águas subterrâneas. A maior parte da água existente no planeta é salgada e está nos oceanos. Portanto, apenas uma pequena fração da água da Terra serve para beber, para preparar alimentos e para a higiene pessoal.

água (3/4 da superfície terrestre)

terra (1/4 da superfície terrestre)

● Imagem da Terra vista do espaço.

Além de ser necessária para a manutenção da vida na Terra, a água pode ser usada para outras finalidades, como: irrigar plantações; gerar energia elétrica; ajudar na higiene pessoal e do ambiente; lavar e cozinhar os alimentos; apagar incêndios; impulsionar navios e locomotivas, entre outras.

Quando a água é própria para ser consumida, chama-se **água potável**.

A água potável tem aspecto limpo e transparente, não apresenta cheiro ou sabor desagradável nem contém impurezas ou substâncias que possam causar prejuízo à saúde.

Situação da água no mundo

água doce acessível
1%

água doce congelada
2%

água salgada
97%

Elaborado com base em: BRASIL. **Agência Nacional de Águas**. Disponível em: <www3.ana.gov.br/portal/ANA/panorama-das-aguas/agua-no-mundo>. Acesso em 17 de maio de 2019.

Construindo um relógio de água

Vamos construir um relógio de água?

Material:

- 1 garrafa PET de 2 litros com tampa
- 1 prego fino
- água

> Não brinque com o prego. Você pode se machucar! Peça sempre ajuda a um adulto!

Procedimentos

1 Peça a um adulto que corte a garrafa plástica ao meio e fure a tampa com o prego.

2 Encaixe a parte superior da garrafa dentro da parte inferior, com o gargalo virado para baixo, formando um funil.

3 Coloque água na parte superior da garrafa e observe-a pingar.

4 De hora em hora, faça um traço no recipiente em que a água pinga, marcando o nível do líquido. Repita esse procedimento até que toda a água passe pelo furo.

Ilustrações: Ilustra Cartoon/Arquivo da editora

Observação e conclusão

1 Quanto tempo a água levou para passar pelo funil?

2 Esvazie o recipiente coletor e encha novamente o funil com água. Marque o tempo que você leva para fazer alguma atividade utilizando o relógio de água.

Propriedades da água

A água tem algumas propriedades ou características que a definem:

- A água pura não tem cheiro nem gosto nem cor, ou seja, é inodora, insípida e incolor.

- A água é um solvente. Por exemplo: quando colocamos um pouco de açúcar em uma vasilha com água e depois a mexemos, o açúcar se dissolve. O mesmo acontece com o sal, o leite em pó e várias outras substâncias. Por isso, a água é chamada de **solvente universal**.

● Açúcar sendo dissolvido em copo com água.

Mas nem sempre a água se mistura com outra substância. Por exemplo, quando colocamos água e óleo em um copo de vidro transparente, depois de um tempo é possível observar onde está a água e onde está o óleo dentro do copo.

Como você viu, o óleo não se mistura à água. É possível, assim, identificar as duas substâncias mesmo após a mistura.

Observe, agora, as imagens a seguir.

● Óleo sendo adicionado à água.

Elementos não proporcionais entre si.

● Xícara de café.

● Garrafa de óleo vegetal.

● Vinagre tinto.

O café, o óleo vegetal e o vinagre têm a mesma aparência em toda a sua extensão. Não é possível identificar as substâncias que os compõem, como no caso da mistura de água com o óleo.

Atividades

EM UM DOS COPOS COM ÁGUA, VOU MISTURAR O AÇÚCAR. NO OUTRO COPO, VOU MISTURAR O ÓLEO.

Ilustra Cartoon/Arquivo da editora

1 A professora da turma de Alice vai fazer algumas misturas para mostrar aos alunos.

a) O que você acha que aconteceu quando a professora misturou o açúcar à água?

....

....

b) O que aconteceu quando a professora misturou o óleo à água?

....

....

2 Leia o texto a seguir.

A água é considerada um solvente universal, pois dissolve várias substâncias. Os materiais que dissolvem em água são considerados **solúveis** e os que não dissolvem em água são chamados **insolúveis**.

Agora, complete a frase abaixo com as palavras **insolúvel** ou **solúvel**.

Nas misturas que a professora de Alice fez, o açúcar é

.... em água e o óleo é .... em água.

3 Você já aprendeu que a água é extremamente importante para a vida no planeta. Escreva um breve texto sobre o que seria de nós, seres humanos, se não houvesse água.

Tratamento da água

Precisamos usar a água com cuidado, pois há muito menos água potável no mundo do que imaginamos.

ymgerman/Shutterstock

● Geleira Perito Moreno, na Argentina, 2018.

Como vimos, a maior parte da água do planeta é salgada, ou seja, não é adequada para o consumo. Da água doce, a maior parte está nas geleiras e em lençóis subterrâneos. Apenas 0,3% da água doce, que está presente nos rios e lagos, pode ser acessada diretamente pelo ser humano.

A água dos rios geralmente é limpa na nascente, mas torna-se poluída e contaminada ao passar por lugares onde são jogados esgoto e lixo.

A água é **poluída** quando está suja e cheia de impurezas, como produtos químicos usados pelas indústrias, fezes e urina, por exemplo. Assim, geralmente, ela tem cheiro desagradável.

Quando a água contém microrganismos capazes de causar doenças, dizemos que ela está **contaminada**.

Atualmente, a água de grande parte dos rios brasileiros está poluída e contaminada. Para que essa água se torne própria para o consumo, é preciso tratá-la.

A água que recebemos em nossa casa, na maior parte das vezes, vem de estações de tratamento.

EXPLORE O INFOGRÁFICO DA **PÁGINA** ✚

O processo de tratamento da água tem muitas etapas e é demorado. É por isso que a água que usamos em casa custa tão caro. Devemos economizar água não só porque isso diminui nossos gastos financeiros, mas também porque ela é um bem precioso, tão necessário à existência de vida no planeta.

AlexandreNunes/Shutterstock

Observe a figura abaixo.

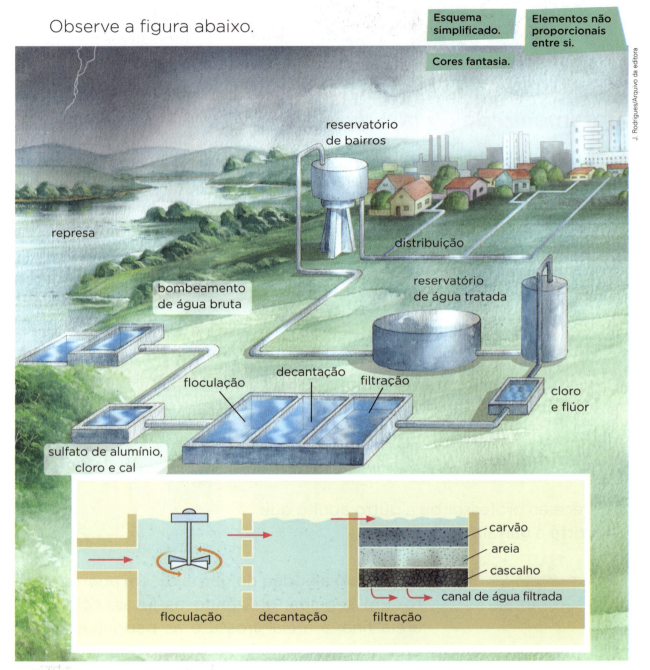

reservatório de bairros

distribuição

represa

bombeamento de água bruta

reservatório de água tratada

floculação

decantação

filtração

cloro e flúor

sulfato de alumínio, cloro e cal

floculação   decantação   filtração

carvão

areia

cascalho

canal de água filtrada

● Representação esquemática de uma estação de tratamento de água.

A água é retirada dos rios por meio de bombas e conduzida até a estação de tratamento, onde é filtrada e purificada. Para ajudar no processo de **purificação**, algumas substâncias, como a cal e o cloro, são misturadas à água.

purificação: limpeza.

Depois de tratada, a água é armazenada em grandes reservatórios e então distribuída para as casas, aonde chega por meio de canos. No trajeto até as casas, a água pode se sujar novamente. Por isso, antes de ser utilizada para beber, deve ser filtrada ou fervida.

Tratamento da água

Agora que você já sabe quanto devemos valorizar a água que chega até nossas casas, vamos fazer um experimento para ver como funcionam os filtros nas estações de tratamento de água?

Material:

- uma garrafa de plástico vazia
- um pouco de terra
- um pedaço de algodão
- um pote plástico transparente
- algumas pedrinhas (cascalho)
- um copo com água
- um pouco de areia grossa
- um pouco de areia fina
- um par de luvas de borracha

Procedimentos

1 Peça ao professor ou a outro adulto que corte a garrafa ao meio.

2 Coloque o algodão no gargalo, sem apertar muito. Em seguida, utilizando as luvas, coloque a areia fina, a areia grossa e as pedrinhas, nessa ordem.

3 Posicione o fundo da garrafa sob o filtro e despeje a água misturada com terra.

Ilustrações: Ilustra Cartoon/Arquivo da editora

Observação e conclusão

Observe as características dessa água após a filtragem. O que acontece com ela? Escreva abaixo.

Atividades

1 O que é água poluída e o que é água contaminada?

....

....

2 Coloque em ordem numérica as etapas de uma estação de tratamento de água:

☐ Condução por meio de bombeamento até uma estação de tratamento.

☐ Filtração e purificação.

☐ Distribuição para as casas.

☐ Acréscimo de cal e cloro.

☐ A água é retirada dos rios.

☐ Armazenamento em reservatórios.

Kastoluza/Shutterstock

3 Existe tratamento de água na cidade em que você mora? Em caso afirmativo, escreva o nome da empresa que faz esse tratamento.

....

4 Quais são os cuidados que devemos ter com a água que tomamos em casa? Como é feito o tratamento da água em sua casa? Há uma caixa-d'água em sua casa ou no prédio em que você mora? Com que frequência a limpeza dela é feita?

5 Faça a atividade **9** na página **12** do **Caderno de criatividade e alegria** e teste seus conhecimentos sobre o tratamento da água.

Estados físicos da água

Você sabe o que é o gelo?

E do que é formada uma nuvem?

A água pode ser encontrada no ambiente em três estados físicos: **sólido**, **líquido** e **gasoso**.

O gelo é a água em estado sólido.

Na natureza, nas regiões mais frias da Terra, existem grandes acúmulos naturais de água congelada, chamados **geleiras**.

A neve e as chuvas de **granizo** também são exemplos de água no estado sólido encontrados na natureza. As chuvas de granizo ocorrem quando as nuvens atingem alturas elevadas na atmosfera, onde as temperaturas são abaixo de 0°.

granizo: pedra de gelo.

● Água no estado sólido.

A água que bebemos está no estado líquido; a água da chuva e a água dos rios e dos mares também.

● Água no estado líquido. Na fotografia, catarata dos Couros, Alto Paraíso de Goiás (GO), 2017.

Na natureza, a água, sob ação do calor, é transformada em vapor, passando do estado líquido para o gasoso. As águas dos rios, mares e lagos são exemplos dessa transformação ao evaporarem-se. Outra mostra visível em nossas casas acontece durante a fervura da água.

● Água no estado gasoso.

Como construir um pluviômetro

Você sabe o que é um pluviômetro? É um aparelho que serve para medir a quantidade de líquidos (como a chuva) e sólidos, como a neve e o granizo. Aprenda a construir um com materiais reaproveitados.

Material:

- uma garrafa PET lisa de 2 litros
- pedrinhas ou bolinhas de gude (cerca de 10 unidades)
- régua de 30 centímetros
- estilete
- fita adesiva colorida
- água
- anilina ou corante

Procedimentos

1 Peça ao professor que corte a garrafa PET a uma distância de 10 centímetros do bico.

2 Preencha cerca de 5 centímetros da garrafa com as pedrinhas ou bolinhas de gude. Complete com água até cobri-las e acrescente algumas gotas de corante.

3 Cole um pedaço de fita colorida na altura do nível da água, fazendo uma marca.

4 Fixe a régua na vertical do lado de fora da garrafa, fazendo com que o número zero da régua coincida com o nível da água.

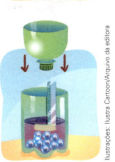

5 Encaixe o bico da garrafa na abertura do pluviômetro.

Ilustrações: Ilustra Cartoon/Arquivo da editora

Utilização

Coloque o pluviômetro em um lugar plano e aberto, sob a chuva. Depois, recolha o objeto e observe quantos milímetros o nível da água subiu na régua. Essa será a medida da chuva para esse período.

Revista Nova Escola. Disponível em: <https://novaescola.org.br/conteudo/3300/como-construir-um-pluviometro>. Acesso em: 2 jan. 2019.

Mudanças de estado físico

A água pode passar de um estado físico para outro. É o que ocorre, por exemplo, quando colocamos água líquida no congelador e ela vira gelo.

A variação de temperatura é um dos fatores que provocam mudanças no estado físico da água. Observe como isso acontece.

Quando colocamos a água no congelador, depois de algum tempo, ela se transforma em gelo, por causa da baixa temperatura. A água passou do estado líquido para o sólido. Dizemos que ocorreu **solidificação**.

Solidificação é a passagem da água ou de outra substância do estado líquido para o sólido.

Quando tiramos o gelo do congelador, ele derrete com o aumento da temperatura e volta para o estado líquido. Dizemos que ocorreu a **fusão** da água.

Fusão é a passagem da água ou de outra substância do estado sólido para o líquido.

Quando colocamos no fogo uma panela com água e ela ferve, parte dela se transforma em vapor.

A água passou do estado líquido para o gasoso. Ocorreu, assim, a **vaporização**.

> **Vaporização** é a passagem da água ou de outra substância do estado líquido para o gasoso.

A vaporização pode ocorrer de dois modos: por evaporação ou por ebulição.

Quando as poças de água ou as roupas do varal secam com o calor do Sol, por exemplo, ocorre a **evaporação**.

> **Evaporação** é a passagem natural da água ou de outra substância do estado líquido para o gasoso.

Quando colocamos algum líquido para ferver e formam-se bolhas, dá-se a **ebulição**.

> **Ebulição** é a passagem da água ou de outra substância do estado líquido para o gasoso, com a formação de bolhas.

Quando a água sai do estado de vapor e volta ao estado líquido, ocorre a **condensação**.

A condensação pode ser observada quando levantamos a tampa de uma panela com água fervendo: as gotas de água representam a volta desta ao estado líquido.

> **Condensação** é a passagem da água ou de outra substância do estado gasoso para o líquido.

Os materiais se transformam

Você já percebeu que, com o passar do tempo, muitas coisas se transformam ao nosso redor?

Nessas transformações, as coisas podem mudar de tamanho, de formato, de cor, de sabor, de cheiro, de estado físico, adquirindo características totalmente diferentes de seu estado original.

As transformações podem ser **reversíveis** ou **irreversíveis**. Vamos entender o que acontece em cada caso.

Transformação reversível

Em um dia bem quente, é comum colocarmos pedras de gelo para resfriar as bebidas. Mas como fazer gelo? Basta colocar uma fôrma de água no congelador ou no *freezer* e... Pronto! Em alguns minutos teremos gelo.

Mas e se esquecêssemos essa mesma fôrma de gelo sobre a mesa, fora do *freezer* ou do congelador, o que aconteceria?

● Fora do congelador, o gelo derrete e a água volta ao estado líquido.

Uma **transformação reversível** é aquela em que o material volta a ser exatamente como era em seu estado original.

Transformação irreversível

O processo de transformação irreversível pode ser observado com os alimentos, mas ele também pode ser observado em várias outras situações, como na queima do papel ou no enferrujamento de um prego, por exemplo.

● A pipoca é resultado de um processo irreversível, já que o milho não voltará à sua forma original.

Uma **transformação irreversível** é aquela em que o material não pode voltar ao seu estado original.

● O material que compõe os pregos (ferro), quando exposto à água, pode mudar sua característica original (enferrujar). Trata-se, também, de um processo irreversível.

Atividades

1 Converse com um colega e responda: Quando penduramos uma roupa molhada em um varal, depois de algum tempo, ela seca. O que acontece com a água?

....

....

....

....

....

2 Escreva onde encontramos, na natureza, a água no estado:

- sólido: ....

- líquido: ....

- gasoso: ....

3 Faça a correspondência entre as mudanças de estado físico e as frases.

| 1 | fusão | 3 | ebulição | 5 | condensação |

| 2 | solidificação | 4 | evaporação |

☐ Se a água líquida esfriar muito, pode passar ao estado sólido.

☐ Exposta ao ar, sob o calor do Sol, a água líquida naturalmente evapora.

☐ Quando se aquece o gelo, ele se transforma em água líquida.

☐ A água líquida pode passar ao estado gasoso, isto é, transformar--se em vapor de água quando a colocamos para ferver.

☐ Quando o vapor de água esfria, transforma-se em água líquida.

Ciclo da água na natureza

Como você viu anteriormente, a água é encontrada na natureza em três estados físicos: sólido, líquido e gasoso.

Ela passa, constantemente, de um estado para outro. Um dos fatores que interferem no estado físico da água é a temperatura.

Cores fantasia.

Elementos não proporcionais entre si.

Ilustra Cartoon/Arquivo da editora

Nas regiões polares e nas montanhas de grandes altitudes — regiões de baixas temperaturas —, a água se solidifica, isto é, passa do estado líquido para o sólido, formando o **gelo**.

Sob a ação do calor, uma parte dos lagos, rios, mares e oceanos evapora, isto é, transforma-se em vapor de água, passando do estado líquido para o gasoso. A água no estado gasoso é encontrada na atmosfera.

A água no estado líquido é encontrada nos rios, lagos, mares e oceanos. É nesse estado que a água existe em maior quantidade na natureza.

● Representação do ciclo da água.

1. O calor do Sol aquece a superfície terrestre e, com o auxílio do vento, faz evaporar uma parte da água da terra, dos rios, mares, lagos, oceanos, etc.

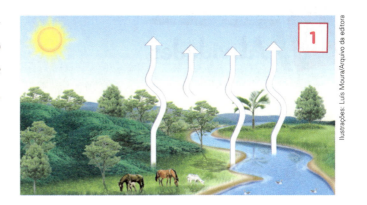

2. O vapor de água se acumula no ar. O ar se eleva e resfria, e o vapor se condensa, transformando-se em **gotículas**, que formam as nuvens. Ao encontrar camadas de ar mais frias, a água das nuvens cai em forma de chuva, neve ou granizo.

gotículas: gotas muito pequenas.

3. Uma parte dessa água que cai penetra no solo e forma os lençóis de água subterrâneos. Outra parte vai para os rios, mares, lagos, etc. e, com o calor do Sol e o vento, volta a evaporar, começando tudo de novo. É o ciclo da água na natureza.

A maior parte da água do planeta está nos oceanos. A quantidade de água salgada é cerca de trinta vezes maior que a de água doce, presente nos continentes e na atmosfera. Isso significa que, do total de água do planeta, apenas uma pequena parte serve para beber, para a alimentação e para a higiene pessoal.

Desse modo, apesar de o ciclo da água na natureza garantir a renovação desse recurso, é preciso ter consciência de que a quantidade de água adequada para o consumo é limitada e pode se esgotar. Por isso, é importante utilizar a água com cautela e sem desperdícios.

Ilustrações: Luís Moura/Arquivo da editora

Atividades

1 Responda às questões.

a) A água das nuvens pode cair também em estado sólido?

....

....

b) Você já presenciou isso? Explique.

....

....

2 Leia o texto e, com os colegas, escreva em uma folha avulsa sugestões de como solucionar o problema de poluição apresentado.

A chuva resulta da condensação do vapor de água que está no ar, formando as nuvens. No entanto, além de água, as nuvens podem conter substâncias tóxicas. Veja como isso acontece:

- Os gases que saem das chaminés das indústrias e dos escapamentos dos veículos se misturam com a água que está no ar (vapor). Logo, as nuvens que se formam desse vapor também contêm as substâncias tóxicas presentes nesses gases.

- A chuva, ao cair, espalha essas substâncias pelos mares e pela superfície da Terra, prejudicando os seres vivos e o ambiente como um todo. Dessa forma, essas substâncias passam a fazer parte do ciclo da água.

Roberta Blonkowski/Shutterstock

● Chaminés de uma indústria de papel lançando gases na atmosfera.

3 Escreva nos quadros da imagem abaixo as palavras correspondentes ao ciclo da água na natureza.

> **Formação de nuvens** **Evaporação** **Água subterrânea**
> **Transpiração** **Plantas absorvendo água**
> **Precipitação** **Escoamento** **Infiltração no solo**

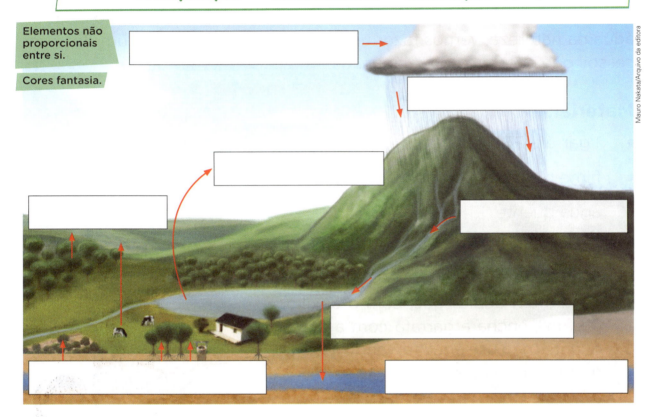

Elementos não proporcionais entre si.

Cores fantasia.

Mauro Nakata/Arquivo da editora

4 Observe a foto abaixo.

phiseksit/Shutterstock

● Papel queimando.

● O que acontecerá com o papel? A transformação ocorrida no papel é reversível ou irreversível?

5 Na página **13** do **Caderno de criatividade e alegria**, a atividade **10** é referente ao ciclo da água na natureza. Identifique as etapas desse ciclo!

VOCÊ EM AÇÃO

Formando nuvens

Depois de você ter estudado os estados físicos da água e o ciclo da água na natureza, vamos fazer uma atividade prática sobre um dos processos que ocorrem com a água.

Material:

- 1 garrafa PET de 2 litros
- filme plástico
- água quente
- 1 funil
- cubos de gelo

Procedimentos

1 Peça a um adulto que, com o auxílio do funil, encha a garrafa com a água quente (não use água fervendo, pois a garrafa pode derreter).

2 Deixe a água descansar durante cinco minutos.

3 Retire mais da metade da água da garrafa.

4 Volte a colocar o funil no gargalo e, dentro dele, coloque alguns cubos de gelo.

5 Feche o funil com filme plástico.

Observação e conclusão

O que aconteceu?

Por que isso aconteceu? Converse com os colegas.

Ilustrações: Ilustra Cartoon/Arquivo da editora

9 O AR

A Terra está envolvida por uma camada de ar chamada **atmosfera**.

O ar está em toda parte, penetrando nas camadas mais superficiais do solo e até mesmo na água. Ele é indispensável à manutenção da vida. O ar puro é invisível, inodoro, insípido e incolor.

Embora não possamos ver nem pegar o ar, sentimos e percebemos seus efeitos em algumas situações. Por exemplo: na respiração, no voo das aves, no girar de um cata-vento, no movimento das nuvens e das roupas no varal, no deslocamento de barcos a vela.

● A atmosfera é a camada de ar que envolve a Terra.

● É o ar que sustenta as aves quando voam.

Composição do ar

O ar é composto de uma mistura de gases:

- o gás nitrogênio é o que existe em maior quantidade no ar;

- o gás oxigênio é indispensável para a respiração da maioria dos seres vivos, entre eles os animais e os vegetais;

- o gás carbônico é usado pelas plantas para a fabricação do próprio alimento.

Como você já estudou, durante o ciclo da água ocorre a vaporização de parte da água existente na superfície terrestre. Assim, no ar há também vapor de água.

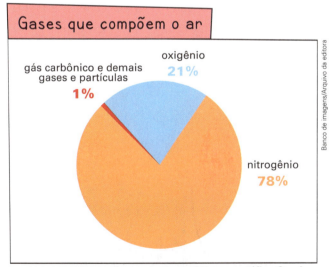

Gases que compõem o ar

gás carbônico e demais gases e partículas
1%

oxigênio
21%

nitrogênio
78%

Elaborado com base em **Atlas geográfico Saraiva**, Vera Caldini e Leda Ísola. São Paulo: Saraiva, 2013. p. 18.

O ar em movimento

Quando está muito calor, logo pensamos em ligar o ventilador. Ao fazermos isso, podemos sentir o vento, que é o ar em movimento.

Observe com atenção como o ar se movimenta:

Ilustrações: Ilustra Cartoon/Arquivo da editora

O cata-vento gira porque a chama da vela aquece o ar acima dela. Esse ar sobe e faz o brinquedo girar. O ar frio em torno do cata-vento desce, é aquecido pela chama da vela e torna a subir.

A mudança de temperatura faz o ar se movimentar. A movimentação do ar é chamada **vento**.

Os ventos são muito úteis. Entre outras coisas, refrescam os ambientes em dias de calor, dispersam a poluição do ar, espalham as sementes e secam as roupas molhadas.

Podemos utilizar a força do vento para várias atividades, como produzir energia elétrica, mover barcos a vela e moinhos, empinar pipas e praticar esportes.

Às vezes, os ventos muito fortes causam prejuízos. Eles podem, por exemplo, derrubar árvores e destruir casas, virar barcos e até espalhar uma chama na floresta, provocando grandes incêndios.

Timaldo/Shutterstock

● O barco a vela é movido pelo vento.

Existem aparelhos usados para indicar a velocidade e a direção do vento.

● Anemômetro.

● Cata-vento.

● Biruta.

O **anemômetro** mede a velocidade do vento. O **cata-vento** e a **biruta** indicam a direção do vento: se ele está indo, por exemplo, para norte, sul, leste ou oeste.

O cata-vento pode ser instalado em vários locais, como no alto dos edifícios e no telhado das casas. A biruta é usada nos aeroportos e nos campos de aviação. Os pilotos precisam saber a direção do vento para que os aviões aterrissem e levantem voo em sentido contrário a ele.

● Tornado no Colorado, Estados Unidos, em 19 de junho de 2018.

Saiba mais

Qual a diferença entre tufão, tornado, furacão e ciclone?

Ciclone: todo vento violento – tornado, tufão ou furacão – é um ciclone. Aparece quando uma grande área de baixa pressão atmosférica aparece na superfície. [...]

Tornado: dura menos de uma hora, tem menos de 2 km de diâmetro e surge a partir de nuvens do tipo cumulus. Seus ventos têm entre 100 km/h e 480 km/h.

Furacão: tem diâmetro de centenas de quilômetros e se forma sobre o oceano tropical. Dura vários dias e perde força ao chegar à terra. É um ciclone tropical severo com ventos de mais de 115 km/h. Ocorre no Hemisfério Ocidental, no Oceano Atlântico e centro-leste do Pacífico Norte.

Tufão: é o nome dos furacões do oeste do Pacífico Norte.

Superinteressante. Disponível em: <https://super.abril.com.br/blog/oraculo/qual-a-diferenca-entre-tufao-tornado-furacao-e-ciclone/>. Acesso em: 13 jan. 2019.

Atividades

1 Responda:

a) O que é atmosfera?

....

....

....

b) De que é composto o ar?

....

....

....

2 Responda:

a) Qual é o gás que os seres vivos absorvem na respiração?

....

b) Qual é o gás indispensável para os vegetais fabricarem seu alimento?

....

c) Qual é o gás que existe em maior quantidade no ar?

....

d) Qual é o nome dado ao ar em movimento?

....

e) Qual é um dos instrumentos usados para indicar a velocidade do vento?

....

3 No livro **Serões de Dona Benta**, de Monteiro Lobato, há uma conversa entre Pedrinho, Narizinho e Dona Benta sobre o ar.

– Eu sei que o ar forma a camada de atmosfera que envolve o globo – disse Pedrinho.

E você, o que sabe a respeito do ar? Escreva nas linhas abaixo.

....

....

....

4 Pesquise em jornais, revistas e na internet e, depois, escreva como é a qualidade do ar na cidade onde você mora.

....

....

5 Pesquise na internet, converse com os colegas e, depois, responda:

a) Como se forma o vento?

....

....

....

....

b) Quando o vento pode prejudicar as pessoas e o ambiente?

....

....

....

6 Faça as atividades **11** e **12**, relacionadas ao ar atmosférico, do **Caderno de criatividade e alegria**, nas páginas **14** e **15**.

Umidade do ar

Já estudamos que, com o calor do Sol, uma parte da água dos rios, dos mares e dos lagos evapora, isto é, transforma-se em vapor e sobe para o ar.

A quantidade de água na forma de vapor presente na atmosfera chama-se **umidade do ar**.

A umidade do ar pode variar bastante. Há lugares muito secos, isto é, onde há pouco vapor de água na atmosfera. É o caso, por exemplo, de Brasília, capital do Brasil. E há lugares muito úmidos, como os que ficam cercados por vegetação e as cidades litorâneas.

● Higrômetro.

A umidade do ar é necessária à nossa vida, à vida dos outros animais e das plantas. Sem ela, tudo secaria.

Para medir a umidade do ar, são usados aparelhos chamados **higrômetros**.

Temperatura do ar

Quando há recepção ou perda de calor, há variação de temperatura. Isso acontece com a temperatura do ar quando determinada quantidade de matéria recebe ou perde calor. Isso ocorre com as pessoas, com os outros animais, com os objetos e até com o ar. Para medir a temperatura, usamos um aparelho chamado **termômetro**.

O termômetro é formado por um tubo de vidro bem fino que tem, em uma das extremidades, um depósito de álcool colorido, que é usado para medir a temperatura do ar.

O termômetro funciona assim: quando há mais calor e a temperatura se eleva, o líquido se dilata, isto é, aumenta de volume, e se expande pelo tubo; quando a temperatura diminui, o líquido se contrai e volta para onde estava.

● Termômetro de álcool.

Atividades

1 O que é umidade do ar?

....

....

2 Complete:

A umidade do ar depende da .... existente na

....

3 Responda:

a) O que acontece quando um corpo perde ou recebe calor?

....

b) Como podemos medir a temperatura?

....

4 Leia a reportagem e depois converse com os colegas e o professor.

A calota polar da Antártica perdeu quase 3 trilhões de toneladas de gelo entre 1992 e 2017, contribuindo com uma elevação de cerca de 7,6 milímetros no nível do mar [até o ano de 2017]. A estimativa é de um estudo que combinou dados de 24 levantamentos independentes realizados com ajuda de satélites no período, na mais completa avaliação da variação na massa de gelo da Antártica já feita [...].

Antártica perdeu quase 3 trilhões de toneladas de gelo desde 1992, de César Baima. **O Globo**. Publicado em: 13 jun. 2018. Disponível em: <https://oglobo.globo.com/sociedade/sustentabilidade/antartica-perdeu-quase-3-trilhoes-de-toneladas-de-gelo-desde-1992-22776557>. Acesso em: 13 fev. 2019.

O que pode estar causando o derretimento das calotas polares? Quais são as consequências disso?

Previsão do tempo

Todos os dias percebemos mudanças nas condições do tempo.

O tempo varia de um lugar para outro, de acordo com o estado da atmosfera e com a hora do dia.

As condições do tempo podem ser previstas, ou seja, é possível saber com certa antecedência se vai chover ou fazer sol, esfriar ou esquentar... Essa previsão é feita pelos meteorologistas.

A ciência que estuda as variações do tempo chama-se **Meteorologia**.

Os meteorologistas observam o tempo diariamente por meio de aparelhos, como o anemômetro, o barômetro, o higrômetro e o termômetro, entre outros.

As estações meteorológicas usam satélites artificiais, balões e radares que enviam informações sobre as condições do tempo.

Analisando e interpretando as informações obtidas por meio desses instrumentos, os meteorologistas fazem a previsão do tempo. Depois, essa previsão é noticiada pelos jornais, pela televisão e pelo rádio.

A previsão do tempo é importante para sabermos se vai chover ou não, se vai esquentar ou se vai esfriar. Além disso, é fundamental para o trabalho de muitas pessoas, como os agricultores, os pescadores e os aviadores, por exemplo, que, conhecendo antecipadamente as condições do tempo, podem realizar seu trabalho com mais segurança.

Chico Ferreira/Pulsar Imagens

Estação meteorológica do Instituto Federal de Educação, Ciência e Tecnologia de Mato Grosso, em Confresa (MT), 2010.

Clima × tempo

As condições da temperatura, dos ventos, das chuvas, da pressão atmosférica e da umidade do ar, em conjunto e por certo período, determinam o clima de uma região. Não devemos, portanto, confundir clima com o "tempo" que está fazendo em determinado momento.

Com o estudo do clima, pode-se prever o tempo para os próximos dias.

Poluição do ar

Podemos encontrar muitas impurezas no ar, causadas, por exemplo, pela fumaça liberada nas chaminés de indústrias e nos escapamentos dos veículos. Quando essas impurezas ficam muito concentradas, em grande quantidade, dizemos que o ar está poluído.

A poluição do ar é atualmente um dos grandes problemas ambientais do mundo, pois causa muitos danos à saúde do ser humano e de outros animais, como doenças respiratórias e irritações nos olhos e na pele.

Para diminuir a poluição do ar, é necessário:

- não queimar o lixo, para não provocar fumaça poluidora;

- não promover queimadas em plantações (antigamente as queimadas eram usadas para facilitar a colheita da cana-de-açúcar, mas hoje em dia a maioria da produção é feita de forma mecânica, por colheitadeiras;

- manter veículos com filtros limpos, dar preferência a combustíveis menos poluentes, como o etanol, e usar catalisadores, por exemplo, são medidas importantes, que fazem com que os gases mais prejudiciais sejam transformados em substâncias menos perigosas;

- colocar filtros nas chaminés das indústrias, para reter as impurezas.

Plantar árvores também é uma atitude positiva contra a poluição e ajuda a preservar o meio ambiente. Proteger os oceanos também ajuda a diminuir a poluição do ar, pois as algas marinhas têm capacidade de absorver grande quantidade de gás carbônico.

TinnaPong/Shutterstock

Atividades

1 Leia as frases e complete-as com as palavras do quadro.

meteorologista	ventos	agricultor	satélite artificial

a) O .... precisa saber quando virão as chuvas, para plantar no momento certo.

b) O .... é o profissional que trabalha fazendo a observação e a previsão do tempo.

c) Os .... fortes prejudicam seriamente o voo dos aviões, podendo até mesmo causar sua queda.

d) O .... é um recurso usado para prever o tempo.

2 O que pode ser feito para diminuir a poluição do ar em uma cidade com muitos veículos e muitas indústrias?

....

....

3 Como é o clima da região onde você vive? Pesquise em jornais e na internet e registre sua resposta no caderno.

4 Durante três dias, acompanhe algumas notícias sobre a previsão do tempo em diversos jornais. Compare essas previsões com o que aconteceu, de fato, com o tempo nesses três dias. Depois, responda no caderno:

a) Todas as previsões estavam corretas?

b) Qual das previsões pode ser considerada mais confiável?

5 No **Caderno de criatividade e alegria** você encontra a atividade **13** da página **16**, relacionada a previsões do tempo.

Para sobreviver, o ser humano sempre precisou dos recursos da natureza: solo, água, ar, vegetais, minerais, outros animais.

Muito tempo atrás, os seres humanos pré-históricos se limitavam a retirar da natureza aquilo de que necessitavam. Todas as atividades eram feitas de forma artesanal, ou seja, manualmente. O ritmo de exploração desses recursos era muito lento.

Com o passar dos séculos, a humanidade foi se desenvolvendo, aprendendo a cultivar a terra, a domesticar animais e a construir instrumentos e máquinas cada vez mais sofisticados para melhorar o aproveitamento dos recursos naturais.

Entre os séculos XVIII e XIX, aos poucos, as máquinas passaram a substituir a mão de obra artesanal pela produção industrial. A população cresceu nas grandes cidades, necessitando cada vez mais de investimentos em casas, móveis, roupas e alimentação. Isso gerou um avanço na exploração dos recursos da natureza.

Atualmente, somos cerca de 7 bilhões de pessoas vivendo no planeta Terra, em sua maioria, nos grandes centros urbanos, e necessitando cada vez mais dos recursos naturais.

Nas páginas a seguir, conheceremos alguns dos recursos naturais mais utilizados e explorados pelo ser humano.

Ilustrações: Mauro Nakata/Arquivo da editora

● Ser humano pré-histórico.

● Animais, como bois e cavalos, são usados para o transporte de cargas. Atualmente, alguns estados brasileiros apresentam leis proibindo esta prática.

● Máquinas agrícolas sofisticadas.

Carvão mineral e petróleo

Essas são duas das principais fontes de energia usadas pelo ser humano. Elas são provenientes de **combustíveis fósseis** e usadas para produzir calor em casas, indústrias e também para mover os automóveis. O carvão mineral e o petróleo são considerados recursos naturais não renováveis porque levam milhares de anos para se formarem. É do petróleo que obtemos a gasolina, o óleo *diesel*, plásticos e vários outros produtos.

Um grande problema do uso dessas fontes de energia é que elas poluem o meio ambiente.

combustível fóssil: toda matéria-prima formada pela decomposição de restos de seres vivos ao longo de milhões de anos.

● Congestionamentos como o mostrado na fotografia ocasionam mais consumo de combustível e, consequentemente, mais poluição do ar. São Paulo, 2018.

● Plataforma na bacia de Campos, no Rio de Janeiro, em 2015. Esse tipo de plataforma é usado para perfuração de poços e na produção de petróleo.

Madeira

É utilizada nas construções, na fabricação de móveis e também como combustível. O desmatamento ilegal é uma ameaça às florestas tropicais. Algumas medidas têm sido tomadas para a exploração de modo sustentável.

● Exploração sustentável com a regeneração da floresta, em Paragominas (PA), 2015.

Água

Indispensável para a vida, a água é também utilizada para produzir energia elétrica. É um elemento renovável, pois o ciclo da água é permanente na Terra. Porém, é esgotável, pois, se não for usada de forma consciente, pode acabar.

Vinicius Bacarin/Alamy/Fotoarena

Ernesto Reghran/Pulsar Imagens

As usinas hidrelétricas utilizam a força das águas para gerar energia. Na fotografia acima, a Usina Hidrelétrica de Itaipu, em Foz do Iguaçu (PR), 2018. Ao lado, o rio Paraná, responsável por promover o funcionamento da Usina de Itaipu.

Metais

Extraídos das jazidas de minério, os metais são usados em seu estado natural para fabricar pequenos utensílios ou para fazer grandes construções. Metais como o ouro e a prata são muito usados na confecção de joias; o cobre é usado nos fios elétricos; o ferro é muito usado na construção civil, além de muitos outros exemplos.

Quando um metal é misturado a outro metal ou a outro componente, ele passa a se chamar **liga metálica**.

Shawn Hempel/Shutterstock

potowizard/Shutterstock

O ferro é muito utilizado na construção de prédios.

O aço inoxidável, do qual é feita a panela, é um exemplo de liga metálica.

Shutterstock / Karl Allen Lugmayer

Em jazidas (como a da foto) é extraído o minério de ferro.

Pedras, areia e argila

Além da madeira e dos metais, as pedras, a areia e a argila (barro) são exemplos de recursos naturais muito usados na construção civil. São também utilizadas a argila e a areia, com as quais se fazem tijolos.

● A pedra moída, também chamada de brita, e a areia são utilizadas para fazer asfalto e na construção civil.

● Os tijolos, com os quais são feitos prédios e casas, são resultado de uma mistura feita à base de argila e água.

Solo

O solo é um recurso natural imprescindível para o cultivo de produtos agrícolas e a criação de animais. Porém, o uso contínuo do solo na agricultura, sem os devidos cuidados, pode provocar alterações danosas a ele.

● O solo precisa ser bem trabalhado e cuidado antes do cultivo de produtos agrícolas, como o milho. Serra do Cipó (MG), 2012.

Atividades

1 A água é um dos recursos mais importantes da natureza. Cite alguns exemplos do uso da água:

a) nas residências:

....

....

b) nas indústrias:

....

....

c) na agricultura:

....

....

2 O que os moradores de uma casa podem fazer para economizar água?

....

....

....

....

3 Converse com sua família e, no caderno, faça uma lista de materiais que vocês acreditam que foram usados na construção da sua casa.

4 Faça uma breve pesquisa na internet sobre quais tipos de produtos agrícolas são cultivados no seu estado e de onde vem a água para a irrigação do solo. Anote o resultado de sua pesquisa no caderno e compartilhe-a com os colegas.

Proteção dos animais silvestres e das espécies vegetais nativas

Todos nós devemos ser responsáveis e cuidar do meio ambiente. Algumas atitudes, medidas e cuidados podem ajudar a recuperar e a proteger o meio ambiente. Entre elas está a preservação da fauna e da flora.

Segundo informações do Instituto Brasileiro do Meio Ambiente e dos Recursos Naturais Renováveis (Ibama), que é o órgão responsável pelo controle e pela fiscalização dos recursos naturais (fauna, flora, água, solo, etc.), muitas espécies animais e vegetais já foram extintas ou correm **risco de extinção**. Alguns exemplos são o mico-leão--dourado, a arara-azul, o lobo-guará, a palmeira-juçara, entre muitos outros.

> **risco de extinção:** que pode desaparecer para sempre.

● Mico-leão-dourado.

● Arara-azul.

Os animais silvestres só podem sobreviver com segurança e liberdade em seu *habitat*. O desmatamento é um dos grandes fatores que têm contribuído para a extinção de vários animais, como a do mico-leão-dourado, na Mata Atlântica

Destruir os ambientes naturais e caçar os animais silvestres, seja para prendê-los em jaulas, seja para vendê-los, seja para matá-los, pode levá-los à extinção, e isso é considerado um crime federal.

● Lobo-guará.

● Palmeira-juçara, árvore típica da Mata Atlântica, da qual se obtém o palmito-juçara.

Dizemos que uma espécie está extinta quando os animais ou vegetais pertencentes a ela não são mais encontrados no ambiente natural. Muitas foram extintas ou estão correndo esse risco porque foram caçadas ou retiradas do ambiente desordenadamente ou tiveram seu *habitat* destruído.

● Peixe-boi-marinho, espécie "em período crítico de extinção" por causa da destruição de seu *habitat* e da caça predatória.

Rick Loomis/Los Angeles Times

Cuidados com a água dos rios e dos mares

Algumas medidas de saneamento básico que podem evitar a poluição dos rios e mares são a coleta de lixo e evitar lançar o esgoto nos rios ou nos mares sem tratá-lo primeiro, ou seja, sem retirar da água as impurezas e os organismos nocivos à vida.

Existe a possibilidade de recuperar rios que estão poluídos. Trata-se da **despoluição** das águas.

despoluição: ato ou efeito de eliminar ou reduzir a poluição.

No entanto, despoluir um rio leva muitos anos, custa muito dinheiro e implica a colaboração de um grande número de pessoas.

● Barco com equipamentos que coletam os resíduos sólidos flutuantes, na Baía de Guanabara, no Rio de Janeiro (RJ), 2018.

Lara Iwanicki/kino.com.br

Reflorestamento

A vegetação protege o solo contra a erosão e cria as condições ambientais adequadas para a vida de muitos seres vivos.

Por isso, nas áreas com solo adequado, onde existem poucas árvores (ou nenhuma), é possível fazer o reflorestamento, isto é, plantar novas árvores.

Ainda existem florestas e matas que não foram derrubadas e que precisam ser protegidas.

● Área em processo de recuperação vegetal (reflorestamento), em Porto Velho (RO), 2015.

Saiba mais

Desmatamento da Mata Atlântica é o menor registrado desde 1985

O desmatamento da Mata Atlântica entre 2016 e 2017 teve queda de 56,8% em relação ao período anterior (2015-2016). No último ano, foram destruídos 12.562 hectares (ha), ou 125 Km², nos 17 estados do bioma. Entre 2015 e 2016, o desmatamento foi de 29.075 ha. Este é o menor valor total de desmatamento da série histórica do monitoramento, realizado pela Fundação SOS Mata Atlântica e pelo Instituto Nacional de Pesquisas Espaciais (INPE). [...]

Atlas da Mata Atlântica, de SOS Mata Atlântica, 25 maio 2018. Disponível em: <www.sosma.org.br/ projeto/atlas-da-mata-atlantica/dados-mais-recentes/>. Acesso em: 14 fev. 2019.

Todo lixo jogado na rua vai parar nos mares

Mesmo que você esteja longe da praia ou de um rio, tudo o que se joga fora do lugar correto sempre vai para a água.

Papelzinho de bala, sacola plástica, bituca de cigarro – esses e outros objetos, quando jogados na rua, além de sujá-la, acabam nas galerias de águas, carregados pelo vento ou pelas chuvas. E terminam [...] em rios, lagos e mares.

A contaminação da água e a morte de peixes prejudicam quem depende deles para viver, já que a atividade pesqueira no Brasil gera 3,5 milhões de empregos diretos e indiretos, dos quais 1 milhão de pescadores.

A sujeira deixada na areia da praia [...] acaba arrastada pela maré alta para alto-mar. Parte dela permanece na água e outra parte volta, poluindo os mangues e a praia novamente.

Bitucas de cigarro são o lixo mais encontrado em praias e cursos de água. [...] A bituca, quando se degrada no chão, também contamina a água subterrânea e o solo.

Nos rios e nos mares, esses pedaços de lixo:

- são confundidos com comida por aves e peixes, que acabam morrendo por asfixia ou inanição;

- afetam até os ovos desses animais, por causa dos resíduos tóxicos;

- atingem as tartarugas, que comem esses fragmentos ou ficam entaladas com embalagem.

Jamais jogue lixo na rua, na praia ou em qualquer outro local que não seja a lata de lixo.

Separe o que for reciclável, para que o material possa ser reaproveitado.

Ilustra Cartoon/Arquivo da editora

Planeta Sustentável. Manual de etiqueta. 13 coisas que você não sabia sobre a água, de Planeta sustentável. 2014. Disponível em: <http://comitespcj.org.br/images/Download/13CoisasSobreAgua_ManualEtiqueta2014.pdf >. Acesso em: 14 fev. 2019.

Atividades

1 Observe as imagens a seguir. O professor vai organizar a sala em dois grupos para fazer um debate. Para cada imagem, um dos grupos deverá comentar os pontos positivos e o outro, os pontos negativos que veem nela. Na imagem seguinte, os grupos se invertem.

Marco Antonio Sa/kino.com.br

bikeriderlondon/Shutterstock/Glow Images

Alf Ribeiro/Shutterstock

littleny/Shutterstock/Glow Images

TonyB./Shutterstock/Glow Images

Blend Images/Shutterstock/Glow Images

2 Que sugestões você daria para:

a) impedir a destruição das matas?

....

....

....

b) evitar a poluição das águas?

....

....

....

c) proteger os animais?

....

....

3 Reúna-se com os colegas e responda às questões a seguir.

a) Na sua opinião, quais são os principais problemas ambientais da região e da cidade onde você mora? E quais são as principais qualidades na relação da população com o meio ambiente que merecem ser destacadas?

b) Conversando com os colegas, quais foram os problemas e as qualidades mais lembrados?

c) Como esses problemas poderiam ser enfrentados? Elabore um projeto de educação ambiental e ação ambiental para a sua cidade.

Lembre-se de aproveitar as qualidades da região! Se preferir, faça um esboço do seu projeto em uma folha avulsa e junte-se com outros colegas para aperfeiçoar a proposta.

4 A exploração de recursos não renováveis é uma prática prejudicial ao meio ambiente. O que você sabe sobre isso? Faça a atividade **14** da página **17** do **Caderno de criatividade e alegria**.

O TEMA É...

Os indígenas e a natureza

A utilização das terras em áreas com mata preservada pelos indígenas tem demonstrado grande benefício para o meio ambiente, pois são áreas com maior preservação da natureza.

Leia o texto abaixo sobre as terras indígenas.

Terra indígena: o que é?

Terra Indígena (TI) é uma porção do território nacional, de propriedade da **União**, habitada por um ou mais povos indígenas, por ele(s) utilizada para suas atividades produtivas, **imprescindível** à preservação dos recursos ambientais necessários a seu bem-estar e necessária à sua reprodução física e cultural, segundo seus usos, costumes e tradições.

O direito dos povos indígenas às suas terras de ocupação tradicional configura-se como um **direito originário**[...], nos termos da Constituição Federal de 1988.

[...] Atualmente existem 462 terras indígenas regularizadas que representam cerca de 12,2% do território nacional, localizadas em todos os biomas [...]

União: nesse caso, refere-se ao governo federal.
imprescindível: indispensável.
direito originário: direito concedido aos indígenas sobre suas terras desde o nascimento, e que não necessita de titulação ou reconhecimento formal.

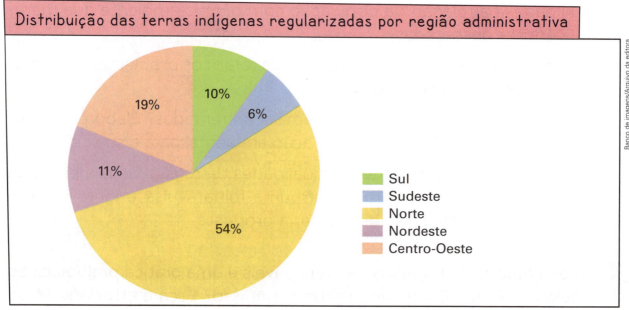

Distribuição das terras indígenas regularizadas por região administrativa

10%
6%
19%
11%
54%

- Sul
- Sudeste
- Norte
- Nordeste
- Centro-Oeste

Banco de imagens/Arquivo da editora

Fonte: **Terra indígena**: o que é?. Fundação Nacional do Índio (Funai).

Disponível em: <www.funai.gov.br/index.php/nossas-acoes/demarcacao-de-terras-indigenas>. Acesso em: 18 fev. 2019.

Os Yanomami não só retiram seu alimento da floresta, mas também fazem plantações de alguns alimentos. Aldeia do Ixima, Santa Isabel do Rio Negro (AM), 2011.

1 Leia a história em quadrinhos a seguir.

Fonte: Tira do Papa - Capim nº 7725, Banco de Imagens MSA.

Com base no que você estudou até agora, crie em folhas avulsas outras histórias em quadrinhos sobre a cultura indígena e a preservação da natureza.

a) Lembre-se de usar a temática de preservação ambiental, como foi feito na tirinha acima.

b) Ao final, faça uma exposição com os trabalhos na sala de aula e compartilhe-os com os colegas.

2 Em grupos de até quatro alunos, pesquisem em jornais, revistas ou na internet quais são os povos indígenas que vivem em sua região, sua história e como vivem atualmente. Descubra de que forma eles contribuem para a preservação ambiental.

3 De posse das informações pesquisadas, organize uma exposição sobre a história e a cultura indígenas em sua região e sobre como os indígenas contribuem para a preservação ambiental.

UNIDADE 3

OS SERES VIVOS

✂ Entre nesta roda ✂

- Quais seres vivos você identifica na cena retratada?

- Em sua opinião, algum desses seres vivos conseguiria viver sem a presença dos outros seres vivos? Por quê?

- As plantas também se alimentam? Caso você responda afirmativamente, explique como elas fazem isso.

✂ Nesta Unidade vamos estudar... ✂

- Plantas
- Animais
- Relações entre os seres vivos
- Cadeia alimentar

11 AS PLANTAS

Os tipos de plantas e suas partes

Você conhece muitos tipos de plantas? Lembra-se do que elas precisam para viver?

As plantas têm formas e tamanhos variados e podem se reproduzir de diferentes maneiras. Elas precisam do ar, da água e da luz do Sol para se desenvolver.

Os vegetais são encontrados nos mais variados ambientes do planeta. Existem plantas que vivem no solo, na água ou sobre outras plantas. Dizemos que o ambiente onde um ser vivo costuma viver é o *habitat* da espécie dele.

O girassol é uma planta terrestre que precisa de um ambiente ensolarado. Sua raiz chega a medir 1 metro.

O aguapé (ou mururé, orelha-de-veado, baronesa e rainha-do-lago) é uma planta aquática. Existe ar dentro de suas folhas, o que facilita a flutuação na água.

As orquídeas são exemplos de plantas que crescem, geralmente, sobre as árvores mais altas, onde conseguem aproveitar a luz do Sol. Suas raízes são próprias para a fixação, principalmente, em troncos de árvores.

Orquídea presa ao tronco de uma árvore.

Também há plantas **parasitas**, que crescem no tronco, nas raízes ou sobre as folhas de outros vegetais e sobrevivem sugando o alimento e a água dessas plantas, muitas vezes matando a planta **hospedeira**.

parasitas: organismos que vivem em outro organismo, dele obtendo alimento e causando-lhe dano.
hospedeira: organismo que abriga outro em seu interior ou o carrega sobre si.

● O cipó-chumbo é uma planta parasita. Nesta foto, ele está se apoiando em um malvavisco.

Adaptações dos vegetais ao ambiente

Os ambientes na Terra já passaram por muitas transformações. Por causa delas, muitos seres vivos — animais e vegetais — foram extintos. No decorrer dessas transformações sobreviveram as espécies que conseguiram se adaptar aos ambientes modificados, ou seja, os seres vivos que possuíam características que lhes permitiam viver no novo ambiente terrestre.

Geralmente, em ambientes secos, como os desertos, encontramos plantas que sobrevivem porque têm estruturas modificadas que lhes permitem acumular água. É o caso do cacto. Em seu caule, acumula-se a água de que a planta precisa para viver em ambiente seco.

● O xiquexique é um tipo de cacto muito comum no Nordeste do Brasil.

Partes dos vegetais

Todas as plantas são iguais? Será que todas elas têm as mesmas partes?

A maioria dos vegetais é composta de raiz, caule, folha, flor, fruto e semente.

Cores fantasia.

Elementos não proporcionais entre si.

A flor é o órgão reprodutor das plantas. É por meio das flores que se formam os frutos.

O fruto abriga as sementes, que podem germinar e dar origem a uma nova planta.

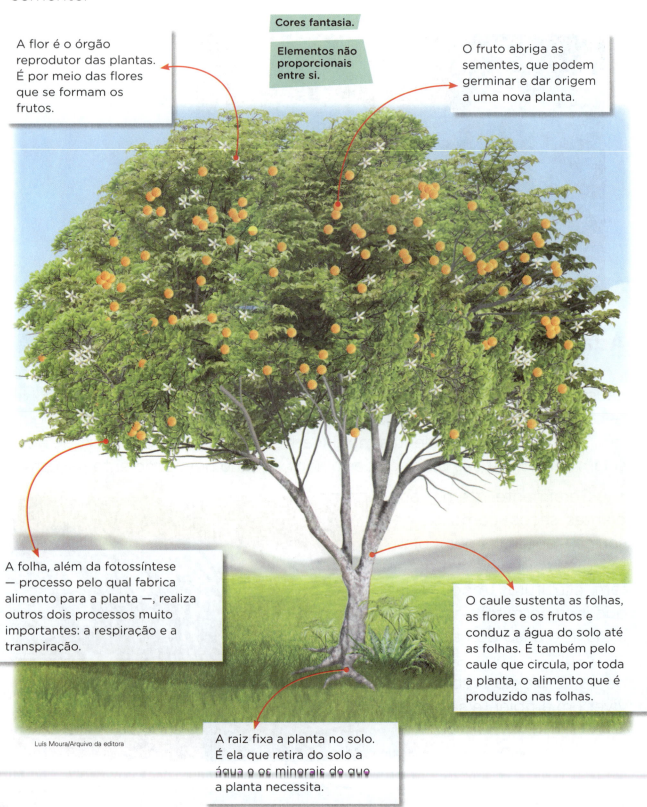

Luís Moura/Arquivo da editora

A folha, além da fotossíntese — processo pelo qual fabrica alimento para a planta —, realiza outros dois processos muito importantes: a respiração e a transpiração.

O caule sustenta as folhas, as flores e os frutos e conduz a água do solo até as folhas. É também pelo caule que circula, por toda a planta, o alimento que é produzido nas folhas.

A raiz fixa a planta no solo. É ela que retira do solo a água e os minerais de que a planta necessita.

Atividade

1 Observe as plantas abaixo.

- Com relação à planta 1, assinale a opção correta.

   a) A planta é:

   ☐ aquática.　　　　☐ terrestre.

   b) A raiz dela fica:

   ☐ dentro do solo.　　　　☐ fora do solo.

   c) O caule e as folhas ficam:

   ☐ dentro do solo.　　　　☐ fora do solo.

- Com relação à planta 2, responda:

   a) A planta é aquática ou terrestre? Por quê?

   ....

   b) Onde fica a raiz dela?

   ....

   c) Em relação ao ambiente onde vivem, qual é a principal diferença entre as duas plantas?

   ....

   ....

Do que as plantas necessitam para viver

Para viver e se desenvolver, as plantas necessitam da água, do ar e da luz do Sol.

O solo é muito importante para as plantas terrestres. Como você já sabe, é no solo que elas fixam suas raízes e é dele que retiram a água e os nutrientes de que necessitam.

As plantas aquáticas retiram esses elementos do meio em que vivem, como rios e mares.

A água, o ar e a luz do Sol são fundamentais para todas as plantas, pois é por meio desses componentes que elas fabricam os alimentos que as mantêm vivas.

Mauro Nakata/Arquivo da editora

● A água da chuva umedece o solo e dele as raízes das plantas retiram água e nutrientes, como os sais minerais, para crescer e se desenvolver. Esquema simplificado mostrando a absorção de água do solo pelas raízes da planta.

Atividades

1 Imagine que você ganhou o vaso de flores ao lado. Escreva o que você vai fazer para que a planta não morra.

alisafarov/Shutterstock

....

....

....

2 Observe as plantas a seguir e responda ao que se pede.

eAlisa/Shutterstock

eAlisa/Shutterstock

a) Qual das plantas não recebeu água suficiente?

☐ A planta 1.   ☐ A planta 2.

b) As plantas 1 e 2 são:

☐ terrestres.   ☐ aquáticas.

c) O que acontece com uma planta que não recebe água suficiente?

....

d) De onde as plantas terrestres geralmente retiram água e sais minerais? Como elas fazem isso?

....

3 Vá ao **Caderno de criatividade e alegria**, faça a atividade **15**, na página **18**, e descubra as diferentes necessidades das plantas.

Jardim no pote

Pronto para montar um pequeno jardim dentro de um pote?

Nesta atividade, vamos conhecer um pouco mais sobre as camadas e os componentes do solo e sobre as necessidades das plantas.

> Cada planta precisa de um tipo de solo. Ao escolher o tipo de planta, procure saber qual é o solo mais adequado para ela.

Material:

- 1 par de luvas

- 1 pote grande de vidro com tampa

- mudas de plantas

- terra

- pedaços de carvão vegetal

- cascalho

- pedrinhas para decorar

Luvas: ntstudio/Shutterstock - Pote: Hasnuddin/Shutterstock - Mudas de plantas: Elena Elisseeva/Shutterstock - Terra: FabrikaSimf/Shutterstock - Carvão: Suto Norbert Zsolt/Shutterstock - Cascalho: Krashentsa Dmitrii/Shutterstock

Procedimentos

1 Usando as luvas, espalhe uma camada de cascalho dentro do pote.

2 Sobre a camada de cascalho, faça uma camada com os pedaços de carvão vegetal.

3 Sobre a camada de carvão vegetal, coloque uma camada grossa de terra.

4 Faça buracos na terra e plante as mudas, deixando espaço entre elas.

5 Cubra as raízes com um pouco mais de terra e decore com pedrinhas. Depois, tampe o pote.

6 Deixe o pote em um lugar com claridade, mas que não receba sol direto.

7 Regue as plantas sem encharcá-las e tampe o pote.

8 Se as paredes do pote ficarem cheias de gotinhas, abra-o e seque-as com um papel absorvente. Depois, feche-o novamente.

Atenção: manuseie o pote de vidro com cuidado. Peça a ajuda de um adulto.

Cores fantasia.

Elementos não proporcionais entre si.

Ilustra Cartoon/Arquivo da editora

Observação e conclusão

Como as plantas se mantêm vivas no pote fechado? Explique sua resposta para os colegas.

Funções da folha: respiração, transpiração e fotossíntese

Nas folhas ocorrem três processos muito importantes para a vida das plantas:

- a respiração;

- a transpiração;

- a fotossíntese.

Agora, vamos aprender um pouco mais sobre cada um desses processos?

jonson/Shutterstock

Respiração

As plantas, como os outros seres vivos, absorvem gás oxigênio e eliminam gás carbônico por meio da respiração. Esse processo ocorre principalmente nas folhas e é ininterrupto, isto é, acontece dia e noite, sem parar.

Observe a ilustração a seguir.

gás oxigênio

Luis Moura/Arquivo da editora

gás carbônico

Transpiração

Veja, agora, a mesma folha da ilustração anterior. Note que ela está cheia de gotículas.

Quando estão com mais água do que precisam, as plantas eliminam o que sobra pela transpiração, soltando vapor de água no ambiente.

Luis Moura/Arquivo da editora

vapor de água

Fotossíntese

Quando há luz solar, as plantas fabricam o próprio alimento por meio de um processo chamado fotossíntese. Para que a fotossíntese seja realizada, são necessários, além da luz do Sol, clorofila (uma substância verde presente principalmente nas folhas), água e gás carbônico.

Observe, na figura abaixo, como acontece esse processo.

As folhas absorvem gás carbônico do ar.

A clorofila capta a luz solar.

A raiz retira água do solo, que é levada até as folhas pelo caule.

Utilizando a luz solar como energia, a planta transforma o gás carbônico que veio do ar e a água que veio do solo em alimento, liberando gás oxigênio.

Como você pode notar, durante a fotossíntese acontece o inverso do que ocorre na respiração. Na fotossíntese, a planta absorve gás carbônico e libera gás oxigênio. (Observe o que indicam as setas na parte que está em destaque na ilustração acima.)

Portanto, as plantas produzem tanto gás carbônico, na respiração, como gás oxigênio, na fotossíntese.

Atividades

1 As plantas transpiram pelas folhas. Na transpiração, as folhas soltam vapor de água na atmosfera. Vamos ver como isso acontece? Você vai precisar de um vaso com planta, de um pedaço de barbante, de um saco plástico e de um pouco de água.

- Envolva a planta com o saco plástico e amarre-o com o barbante próximo à terra.

- Molhe a terra do vaso. Cuidado para não molhar o saco plástico.

- Coloque o vaso num lugar em que bata bastante sol. Observe-o depois de algumas horas.

Ilustra Cartoon/Arquivo da editora

a) Como ficou o saco plástico?

....

b) Por que isso aconteceu?

....

2 Complete o texto com as palavras do quadro.

clorofila	luz solar	folhas	água	ar

Para a planta realizar a fotossíntese, é fundamental: ...., que é retirada do solo pela raiz; gás carbônico, que é absorvido do .... pelas ....; e

....

A .... é uma substância encontrada nas fo-lhas, capaz de absorver a energia da luz solar.

3 Responda às questões abaixo.

a) Quais são as funções da folha?

....

b) Como ocorrem as trocas de gases na planta?

....

....

c) O que acontece quando as plantas transpiram?

....

4 Complete a cruzadinha.

1. Substância verde presente nos vegetais.

2. Parte da planta responsável pela respiração, pela transpiração e pela produção de alimentos.

3. Processo de fabricação do alimento pelas plantas.

4. Fornece energia para a planta realizar a fotossíntese.

5. Processo em que a planta elimina vapor de água.

6. Gás necessário para a realização da fotossíntese.

7. Gás que a planta absorve quando respira.

8. Parte da planta que retira água e outros nutrientes do solo.

9. De onde é retirada a água utilizada pelas plantas terrestres na fotossíntese.

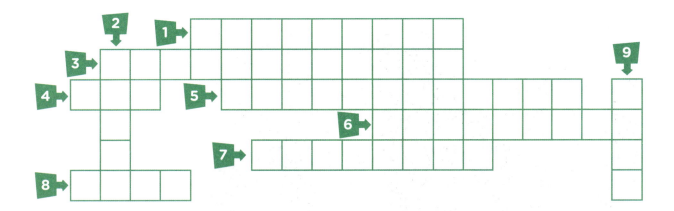

Função da flor: reprodução

Você já plantou algum vegetal?

O que você sabe sobre o nascimento das plantas?

Como todos os seres vivos, as plantas são capazes de se reproduzir. A maioria se reproduz por meio da flor.

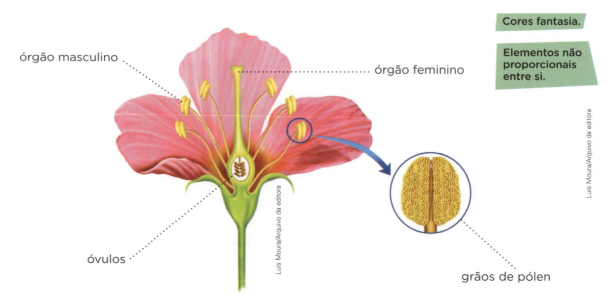

Cores fantasia.

Elementos não proporcionais entre si.

órgão masculino

órgão feminino

óvulos

grãos de pólen

Quase todas as flores possuem os dois órgãos de reprodução, o masculino e o feminino.

Os órgãos masculinos das flores produzem os grãos de pólen. Os órgãos femininos produzem os **óvulos**.

fecundação: procriação.
óvulos: células femininas da reprodução.

Dentro do grão de pólen e do óvulo estão os elementos de reprodução da flor (células reprodutoras). Quando esses elementos se unem, dizemos que ocorreu a **fecundação**.

Os insetos, os pássaros, a água ou o vento podem levar os grãos de pólen de uma flor para outra. Chamamos esse transporte de polinização.

10 centímetros

● Borboleta polinizando uma flor.

Quando a parte feminina da flor é fecundada, o óvulo se desenvolve e forma as sementes. Parte do órgão feminino da flor também se desenvolve e forma o fruto, que abriga essas sementes.

As sementes, se espalhadas em solo fértil, podem germinar, isto é, dar origem a uma nova planta da mesma espécie. É a reprodução por germinação.

Cores fantasia.

Elementos não proporcionais entre si.

semente

● Representação do processo de germinação de um girassol.

Algumas plantas podem se desenvolver a partir de folhas, de pedaços de caule ou de raízes, embora essas partes do vegetal não tenham, em geral, função reprodutiva. Essas plantas também têm sementes para se reproduzir.

Atividades

1 O que está acontecendo em cada imagem? Converse com os colegas e o professor e dê o nome de cada processo.

szefei/Shutterstock

Elementos não proporcionais entre si.

Bogdan Wankowicz/Shutterstock

....

....

2 Leia as frases e numere-as na ordem correta de acordo com o processo de reprodução da flor.

☐ A polinização pode ser feita pela água, pelo vento ou por animais. Nesse processo, os elementos vivos e não vivos levam o pólen de uma flor às outras flores.

☐ O ovário da maioria das flores cresce e forma o fruto, que envolve as sementes.

☐ A maioria das flores possui os órgãos reprodutores feminino e masculino.

☐ Ao cair no órgão feminino da flor, o pólen forma um tubo que chega ao ovário, onde pode ocorrer a fecundação, formando a célula-ovo que desenvolverá a semente.

☐ O pólen é formado na parte masculina da flor.

3 Responda às questões a seguir sobre o nascimento das plantas.

a) Que parte da maioria das plantas é responsável pela reprodução?

....

b) O que é germinação?

....

....

4 Escreva o tipo de agente polinizador abaixo de cada imagem.

Elementos não proporcionais entre si.

....

5 Observe a foto da planta ao lado. Em seguida, faça uma pequena história em quadrinhos com cenas que tenham relação com a floração, polinização, formação de frutos e germinação de uma nova planta de maracujá.

● Maracujá com flor e fruto.

Respeito ao idoso

Para muitas crianças e adultos, os avós são pessoas muito importantes e queridas. As pessoas idosas que estão em nossa vida nos trazem conhecimento, despertam muitos sentimentos e merecem todo o respeito e carinho.

Observe as cenas abaixo.

1 Nas cenas acima há situações de respeito ao idoso? Quais?

2 Você já presenciou alguma situação em que uma pessoa idosa foi tratada de forma semelhante às das cenas retratadas acima? Compartilhe suas vivências com a turma.

3 Você já presenciou uma cena de desrespeito ao idoso? Como você se sentiu ao ver isso?

O respeito ao idoso deve acontecer em casa e em todos os espaços sociais, como na casa de amigos, nas escolas, nas lojas, nos parques, nas áreas de atendimento ao público e nos transportes públicos.

O Estatuto do Idoso é o documento que assegura uma série de direitos aos maiores de 60 anos.

Vamos fazer um encontro entre idades?

A turma deverá se organizar para receber os avós na classe. Vocês poderão planejar esse encontro com música e contação de histórias, leitura de poemas e até um lanche.

Cada grupo será responsável por uma das tarefas decididas por toda a turma durante o planejamento.

Para o grupo que for responsável pela alimentação, vai uma boa dica: a produção de uma deliciosa salada de frutas.

> As frutas são um excelente alimento para todas as idades, especialmente para as crianças e os idosos, pois são ricas em vitaminas e sais minerais, são naturais e fazem bem à saúde.

Ilustra Cartoon/Arquivo da editora

OS ANIMAIS

Os animais e o ambiente

Leia o texto e observe as reproduções dos quadros abaixo.

Fauna e flora, ser humano e terra.

Fauna e flora, pincel e paleta.

Vivemos cercados pelas cores e formas da natureza. Diariamente vemos
o Sol nascer, aquecendo e colorindo todos os seres vivos do planeta.

É comum observarmos nos desenhos infantis a presença de casas, montanhas,
árvores, pássaros, céu e Sol. Isso acontece naturalmente, pois esse é o
nosso primeiro olhar para o mundo.

Fauna e flora, de Nereide Schilaro Santa Rosa. São Paulo:
Moderna, 2004. (Arte e raízes).

● **Fazenda Santa Maria**, de M. Guadalupe, 1996. (Óleo sobre tela,
50 cm x 60 cm).

● **A árvore**, de Walde-Mar de
Andrade e Silva, 1984. (Óleo
sobre tela, 200 cm x 100 cm).

Os animais, assim como os vegetais, são seres vivos e fazem parte da natureza. Eles são encontrados em diversos ambientes. Observe abaixo.

● Tatu-peba.

● João-de-barro.

● Piraputangas.

A variedade de animais na Terra é muito grande e podemos observar muitas diferenças entre eles.

Tamanho	
Grande	Pequeno

● Elefante. Alguns animais são grandes, como o elefante, que mede cerca de 3 metros de altura.	● Formiga. Outros são pequenos, como a saúva, que mede cerca de 1 centímetro.

Cobertura do corpo		
Pelos	Escamas	Penas
● Caxinguelê. A pele dos mamíferos é revestida de pelos.	● Peixe-frade. Os peixes têm o corpo coberto de escamas.	● Papagaio-de-cara-roxa. O corpo das aves é coberto de penas.

Tipo de alimento

Onívoros	Carnívoros	Herbívoros
50 centímetros	2 metros	5 metros
● Macaco.	● Leopardo.	● Girafa.
Alimentam-se de vegetais e de outros animais.	Alimentam-se de carne.	Alimentam-se de vegetais.

Lugar em que vivem, isto é, seu *habitat*

Terra	Água	Corpo de outros animais
45 centímetros	2,5 metros	15 centímetros
● Galo.	● Tubarão.	● Lombrigas.

O *habitat* é onde os animais encontram as condições de que necessitam para viver, isto é, alimento, abrigo, parceiros para a reprodução, etc.

Atividades

1 Escolha um animal que você já viu antes, pessoalmente, na televisão ou na internet, e que achou interessante. Desenhe-o abaixo e também o *habitat* onde ele vive e os alimentos que ele costuma comer.

- Agora, responda:

    a) Qual é o *habitat* desse animal?

    ....

    b) Do que ele se alimenta?

    ....

    c) Do que o corpo dele é coberto?

    ....

2 Escolha dois animais e, no caderno, reproduza o quadro abaixo, completando-o com as características de cada um deles.

Nome do animal	Cobertura do corpo	Alimentação	*Habitat*

3 Você é investigativo? Faça a atividade **16** do **Caderno de criatividade e alegria**, na página **20**, e descubra essa sua habilidade.

Classificação dos animais

Os animais são agrupados de acordo com as características que têm em comum. Um dos tipos de classificação divide os animais em vertebrados e invertebrados.

Os vertebrados

Os animais vertebrados possuem coluna vertebral, isto é, têm um conjunto de estruturas, chamadas **vértebras**, que sustentam seu corpo.

Os vertebrados classificam-se em cinco grupos: **mamíferos**, **aves**, **répteis**, **peixes** e **anfíbios**.

coluna vertebral

Cores fantasia.

Esquema simplificado.

Jurandir Ribeiro/Arquivo da editora

Os mamíferos

Os mamíferos são animais que produzem leite, com o qual alimentam suas crias. A maioria dos mamíferos tem pelos e se desenvolve dentro do organismo da fêmea.

Quase todos os mamíferos são terrestres. Eles respiram pelos pulmões.

Os mamíferos que vivem na água, como a baleia, o golfinho e o boto, precisam ir até a superfície para respirar.

A vaca, o cavalo, o coelho, o macaco, o morcego, o tigre, a raposa, o rato e o hipopótamo são alguns exemplos de mamíferos. O ser humano também é um animal mamífero.

Elena Butinova/Shutterstock

30 centímetros

● Gata amamentando seus filhotes.

Pannochka/Shutterstock

2 metros

● O golfinho é um mamífero aquático.

Rudmer Zwerver/Shutterstock

4 centímetros

● O morcego é o único mamífero que voa.

As aves

As aves são animais que nascem de ovos, possuem bico, asas e têm o corpo coberto de penas.

Quase todas as aves são terrestres, respiram pelos pulmões e a maioria é capaz de voar. Entre as aves que não voam e que vivem na água, podemos citar o pinguim. As asas do pinguim funcionam como nadadeiras.

● Pinguim e seu filhote.

São exemplos de aves: o beija-flor, o pavão, o pombo, o pato, o avestruz, a arara, o albatroz, o papagaio, o tucano e o urubu.

Os répteis

Os répteis nascem de ovos. O corpo deles é coberto de escamas, placas duras ou carapaças. Eles respiram pelos pulmões e, geralmente, vivem na terra, mas podem também viver na água.

Alguns exemplos de répteis são a cobra, a tartaruga e o jacaré.

● Serpente e seus ovos.

● Tartaruga-verde escavando a areia para depositar seus ovos.

Os peixes

Os peixes são vertebrados aquáticos que possuem o corpo coberto de escamas ou de pele grossa.

A respiração dos peixes é feita por meio de **brânquias**, também chamadas guelras.

brânquias

● Raia.

São exemplos de peixes: a sardinha, o cação, o lambari, o pintado, a raia, o linguado, o peixe-espada, o tucunaré, entre muitos outros.

brânquias: estruturas dos órgãos respiratórios da maioria dos animais aquáticos.

Os anfíbios

Os anfíbios nascem de ovos. Eles têm a pele lisa, úmida e escorregadia.

Quando são pequenos, os anfíbios vivem na água e respiram por meio de brânquias. Na fase adulta, seus pulmões se desenvolvem e eles passam a viver na terra. Também respiram por meio da pele e precisam viver em lugares úmidos, pois correm o risco de ficar desidratados se permanecerem por muito tempo em ambientes secos.

O sapo, a perereca e a rã são exemplos de anfíbios.

● Girinos (nessa fase da vida do sapo, ele vive na água).

● Sapo adulto (respira por pulmões e vive na terra).

Os invertebrados

Os animais invertebrados não têm coluna vertebral.

Eles podem ser encontrados nos mais diversos ambientes: na terra, na água, no corpo de outros animais e dentro do solo.

Existe uma variedade muito grande de animais invertebrados, bastante diferentes entre si. Observe:

● Invertebrados com pernas articuladas.

● Abelha.

● Caranguejo maria-farinha.

● Cigarra.

Animais como esses podem ser encontrados no ar, na terra, nos rios e nos mares. Suas articulações facilitam e ampliam os movimentos.

- Invertebrados de corpo mole.

● Água-viva.

● Ostra.

● Caramujo.

Animais como esses podem ser terrestres ou aquáticos e, geralmente, possuem uma concha protetora.

- Invertebrados marinhos, com espinhos na superfície do corpo.

● Lírio-do-mar.

● Ouriço-do-mar.

● Estrela-do-mar.

- Invertebrados de corpo alongado.

● Solitária.

● Minhoca.

● Lombrigas.

A lombriga e a solitária, conhecidas popularmente como vermes, desenvolvem-se no interior de alguns animais vertebrados. A minhoca vive no solo.

Atividades

1 Os animais precisam encontrar ar e alimento no ambiente em que vivem. Água também não pode faltar, porque sem ela nenhum animal consegue se manter vivo. Observe a cena e responda às questões.

Cores fantasia.

Elementos não proporcionais entre si.

a) Que animais aparecem na cena?

....

b) Qual é o alimento do caramujo e do gafanhoto?

....

c) Onde a borboleta encontra alimento?

....

d) De que se alimenta o sapo?

....

2 Observando os animais, percebemos que eles buscam alimento no ambiente em que vivem. Isso não acontece com as plantas. Como elas conseguem alimento?

....

....

3 A que grupo pertence cada vertebrado abaixo? Converse com os colegas e escreva.

● Peixe ornamental.

● Orca.

● Sapo.

● Jacaré.

● Guará.

● Ovelha.

● Mariquita-amarela.

● Serpente.

Elementos não proporcionais entre si.

4 Marque um **X** ao lado dos nomes de animais vertebrados, mamíferos e terrestres. Atenção, os animais devem ter as três características.

☐ boi ☐ macaco ☐ golfinho

☐ morcego ☐ pinguim ☐ girafa

☐ avestruz ☐ cobra ☐ ser humano

☐ baleia ☐ lobo ☐ pato

Reprodução dos animais

Você sabe como os animais nascem? Na maioria dos casos, os animais são gerados pela união entre um macho e uma fêmea.

De acordo com o tipo de desenvolvimento do animal, podemos classificá-lo em **ovovivíparo**, **ovíparo** e **vivíparo**.

Animais ovovivíparos

São aqueles que se desenvolvem dentro de ovos e **eclodem** desses ovos ainda no interior da fêmea. Algumas espécies de peixes, como o peixe-espada e o guaru, são exemplos de animais ovovivíparos.

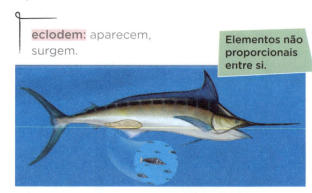

eclodem: aparecem, surgem.

Elementos não proporcionais entre si.

● O peixe-espada é ovovivíparo.

Ilustrações: Mauro Nakata/Arquivo da editora

Animais ovíparos

Muitos animais são ovíparos, isto é, põem ovos que se desenvolvem fora do corpo da fêmea. As aves e os répteis nascem assim. Observe ao lado.

● Algumas serpentes são ovíparas.

Metamorfose

Alguns animais ovíparos, como o sapo e a borboleta, vivem durante certo tempo a fase de larva. Esses animais se modificam profundamente durante seu desenvolvimento, até atingirem a forma adulta. Essas transformações são chamadas **metamorfose**.

Elementos não proporcionais entre si.

ovo

larva (lagarta)

pupa (casulo)

borboleta adulta

● Metamorfose da borboleta.

Fotos: Fabio Colombini/Acervo do fotógrafo

Animais vivíparos

Os mamíferos, em sua maioria, são vivíparos: seus filhotes se desenvolvem dentro da barriga da mãe. Nós, os seres humanos, também somos animais vivíparos.

O período em que o animal se desenvolve dentro da barriga da mãe chama-se **gestação** ou **gravidez**. Esse período é diferente para cada mamífero.

Filip Warulik/Shutterstock

- Gestação da gata: cerca de dois meses.

- Gestação da mulher: nove meses.

Faroe/Shutterstock

Elementos não proporcionais entre si.

Saiba mais

Duração do período de gestação

Nem todos os mamíferos têm o mesmo período de gestação. Por exemplo, os coelhos se reproduzem rapidamente e a gravidez de uma elefanta é muito lenta.

Entre esses extremos, há uma ampla variedade de períodos. O gráfico abaixo mostra o tempo de gestação de alguns mamíferos.

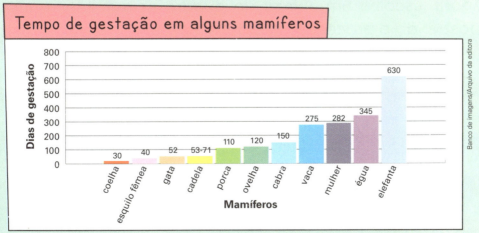

Tempo de gestação em alguns mamíferos

Banco de imagens/Arquivo da editora

Dias de gestação / Mamíferos

coelha 30, esquilo fêmea 40, gata 52, cadela 53-71, porca 110, ovelha 120, cabra 150, vaca 275, mulher 282, égua 345, elefanta 630

Aprendendo Ciências: conteúdos essenciais para o Ensino Fundamental de 1ª a 4ª série, de César Coll e Ana Teberosky. São Paulo: Ática, 2000.

Atividades

1 Responda:

a) Quais fatores permitem a continuidade da vida na Terra?

....

....

b) Onde podem se formar e se desenvolver os filhotes de muitos animais antes de nascer?

....

c) Como são chamados os animais cujos ovos eclodem dentro do corpo das mães? Dê um exemplo.

....

2 Coloque no quadro, de acordo com a classificação, nome de animais que você conhece.

Ovíparos	Vivíparos

• Agora, escolha um animal do quadro acima e faça um desenho mostrando o processo reprodutivo dele.

13 TODOS OS SERES VIVOS SÃO IMPORTANTES

Existe na natureza uma grande variedade e quantidade de plantas e animais. Muitas vezes não nos damos conta dessa diversidade, pois, além dos bichos que nós podemos ver, existem diversos **seres microscópicos** que habitam todo o planeta Terra.

Garry DeLong/Oxford Scientific-RM/Getty Images

seres microscópicos: que só podem ser vistos pelo microscópio.

● Alguns tipos de seres microscópicos. Aumento aproximado de 30 vezes. Colorido artificialmente.

Para sobreviver, os animais precisam buscar alimento e, ao mesmo tempo, defender-se de outros animais para os quais servem de alimento.

Observe o esquema abaixo.

Mauro Nakata/Arquivo da editora

● Esquema de uma relação alimentar entre seres vivos na natureza.

Cores fantasia.

Elementos não proporcionais entre si.

- O trigo serve de alimento para o rato.

- O rato serve de alimento para a coruja.

- A coruja serve de alimento para o gavião.

- O gavião serve de alimento para a onça.

Os animais se alimentam de outros animais ou de vegetais.

Pensando nisso, o que você acha que poderia acontecer no ambiente abaixo se o rato da relação alimentar da página anterior fosse eliminado?

E o que aconteceria se todas as plantas morressem?

● Representação de seres vivos em ambiente natural.

Além da relação que vimos na página anterior, há muitas outras na natureza. E o ser humano participa de muitas delas. Veja um exemplo.

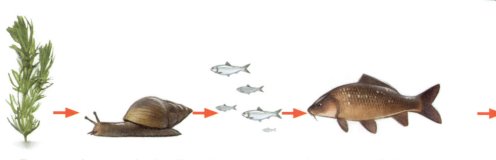

● Esquema de uma relação alimentar em que o ser humano participa.

- A alga serve de alimento para o caramujo.

- O caramujo serve de alimento para o peixe menor.

- O peixe menor serve de alimento para o peixe maior.

- O peixe maior serve de alimento para o ser humano.

Cores fantasia.

Elementos não proporcionais entre si.

Agora, imagine: O que aconteceria se o caramujo fosse extinto do ambiente? E se o ser humano deixasse de estar nesse ambiente?

Atividades

1 Complete as frases de acordo com a figura abaixo.

Mauro Nakata/Arquivo da editora

a) O gafanhoto ....

b) O sapo ....

c) A cobra ....

d) O gafanhoto é o alimento ...., que é o alimento

....

2 Agora, com um colega, escolha um ser vivo de cada grupo. Mostrem no espaço abaixo como eles se relacionam pela alimentação (lembrem--se de que a ponta da seta sempre fica na direção de quem come).

Plantas	Animais que se alimentam de plantas	Animais que se alimentam de outros animais

Mauro Nakata/Arquivo da editora

CADEIA ALIMENTAR

Os animais se alimentam de outros seres vivos, pois não produzem o próprio alimento. Eles são chamados **consumidores**. Alguns animais só comem plantas, outros comem também animais.

Quando as plantas e os animais morrem, eles são decompostos na natureza, isto é, apodrecem. São as bactérias e os fungos que fazem com que isso aconteça. Esses seres que se alimentam de restos de plantas e de animais que já morreram são chamados **decompositores**.

Observe na figura abaixo, como essa relação de alimentação entre os seres vivos pode acontecer.

produtor

consumidor

decompositores

Cores fantasia.

Elementos não proporcionais entre si.

Mauro Nakata/Arquivo da editora

● Exemplo de uma relação entre decompositores (detalhe, microrganismos), consumidor e produtor em ambiente natural.

Como você pode perceber, produtores, consumidores e decomposi-tores estão ligados pelo alimento. É como se fosse uma corrente, à qual damos o nome de **cadeia alimentar**.

Cada elo da corrente representa um tipo de ser vivo que serve de alimento para o seguinte, e assim por diante.

Atividades

1 Complete as cadeias alimentares abaixo com o nome dos seres que as compõem.

Elementos não proporcionais entre si.

a)

moolek skee/Shutterstock · Muhammad Otib/Shutterstock · Dirk Kotze/Shutterstock

....

b)

Vikramvisu/Shutterstock · Adriano Fernandes/Shutterstock · inewsfoto/Shutterstock

....

c) Observe, agora, o primeiro elemento de cada uma dessas cadeias. É sempre um animal ou um vegetal? Você saberia explicar por quê?

....

....

....

....

d) Os decompositores também fazem parte dessas cadeias alimentares? Qual é a função deles?

....

....

2 Observe a figura e responda:

a) Qual é o alimento do pássaro?

....

b) Qual é o alimento da lagarta?

....

....

3 Quando o ser humano interfere nas cadeias alimentares, acontecem sérios problemas no ambiente. Observe a cadeia alimentar abaixo.

- Imagine e escreva o que poderia acontecer se, por causa da poluição ou da pesca descontrolada, a maioria dos peixes desse lago morresse.

....

....

....

4 Jogos contribuem para o aprendizado, pois estimulam nossas capacidades lógica e imaginativa. Por isso, vamos jogar até formar uma cadeia alimentar? Vá ao **Caderno de criatividade e alegria**, na página 21, e aprenda brincando com a atividade 17.

Fluxo de energia e de matéria nas cadeias alimentares

Observe na imagem abaixo como se dá a transferência de energia e de matéria nas cadeias alimentares.

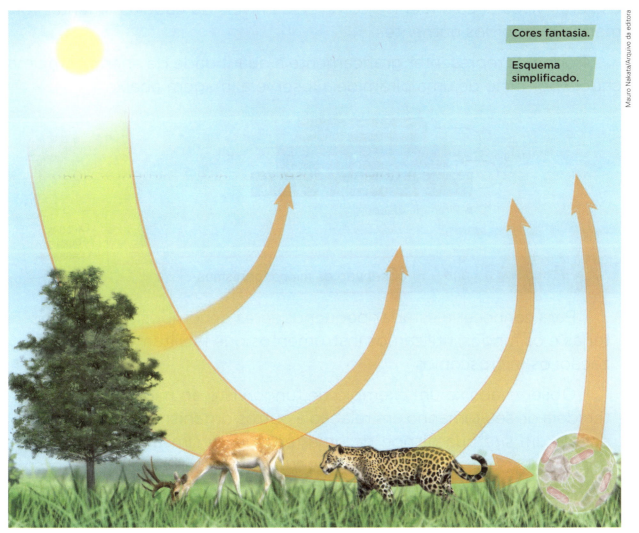

● Representação do fluxo de energia na cadeia alimentar.

A energia envolvida nas relações alimentares entre os seres vivos entra nas cadeias alimentares por meio da luz do Sol e flui através dos vários elementos que compõem a cadeia alimentar.

A transferência de energia ao longo da cadeia alimentar segue uma única direção.

Em cada nível da cadeia alimentar, uma parte da energia é utilizada para a manutenção da vida e outra parte é perdida para o ambiente na forma de calor.

Assim, a quantidade de energia que é repassada para o próximo nível da cadeia alimentar é menor.

Quando um ser vivo se alimenta de outro na cadeia alimentar, há transferência de energia e também de matéria.

Na natureza, o fluxo de matéria é cíclico, os elementos que compõem os seres vivos circulam entre os diversos níveis da cadeia alimentar formando o ciclo dos nutrientes.

Podemos representar graficamente a quantidade de energia em uma cadeia por meio de uma pirâmide. Observe a imagem abaixo.

● Pirâmide de energia.

EXPLORE O INFOGRÁFICO DA PÁGINA ✚.

 Tecnologia para... **observar os microrganismos**

Para conhecer e estudar pequenos seres decompositores, as bactérias e os fungos, utilizamos instrumentos que facilitam a sua visualização: os microscópios.

Observe abaixo um exemplo de fungo visto ao microscópio. Para ter ideia de seu tamanho em relação a outros organismos e elementos, acesse um *site* que dispõe de uma ferramenta similar a um microscópio: <https://learn.genetics.utah.edu/content/cells/scale/>. (acesso em: 8 maio 2019). Peça orientações ao seu professor de como usá-la.

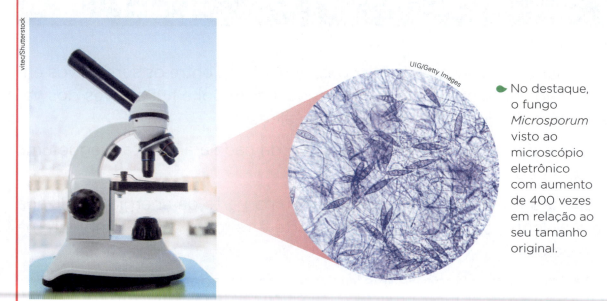

vitec/Shutterstock

UIG/Getty Images

● No destaque, o fungo *Microsporum* visto ao microscópio eletrônico com aumento de 400 vezes em relação ao seu tamanho original.

Atividade

1 Tanto o ciclo da matéria quanto o fluxo de energia ocorrem por meio das relações alimentares entre os seres vivos e envolvem os componentes não vivos (energia, sais minerais e outras substâncias). Observe a imagem abaixo, que ilustra o ciclo da matéria, e faça o que se pede.

Esquema simplificado.

Elementos não proporcionais entre si.

Mauro Nakata/Arquivo da editora

a) Cite alguns exemplos de troca de matéria entre os seres vivos dessa cadeia alimentar.

....

....

....

....

b) Explique como se estabelece a troca de matéria entre dois componentes dessa cadeia, as plantas e os decompositores.

....

....

....

....

....

15 OS OUTROS ANIMAIS E O SER HUMANO

Há milhões de anos, antes de o ser humano surgir na Terra, os dinossauros habitavam o planeta.

Depois que o ser humano surgiu, passou a conviver com os mais diferentes tipos de animais e aprendeu a domesticá-los.

Alguns animais, como o cavalo, o cachorro, o porco e a vaca, foram capturados pelo ser humano para que este pudesse obter:

● Homem ordenhando uma vaca.

- alimentos;

- matéria-prima para confeccionar roupas e sapatos;

- meio de transporte para pessoas e mercadorias;

- proteção, companhia e lazer.

Alguns animais passaram a ser temidos pelos seres humanos por serem venenosos ou transmissores de doenças, como a barata, o rato, o escorpião e a serpente. Outros, como o gafanhoto, são vistos como praga porque, quando se tornam numerosos, podem destruir plantações.

● Os gafanhotos podem devorar extensas plantações.

Ainda que alguns animais possam causar danos ao ser humano em determinadas situações, não faz sentido falar neles como se fossem inúteis e querer exterminá-los, pois cada um tem sua importância no equilíbrio das relações que ocorrem na natureza. Além disso, a natureza não existe em função do ser humano, ele é apenas mais um integrante do meio ambiente.

Atividades

1 Converse com os colegas sobre os animais mostrados a seguir. Depois, escreva de que forma cada um desses animais está ligado aos seres humanos.

70 centímetros

Aneta Pics/Shutterstock/Glowimages

1,6 metro

J. van der Wolf/Shutterstock/Glow Images

....

....

....

....

....

....

1 centímetro

Goran Cakmazovic/Shutterstock/Glow Images

10 centímetros

Vinicius Tupinamba/Shutterstock/ Glow Images

....

....

....

....

2 Muitas cidades proíbem a apresentação de animais nos circos. Por que isso acontece? Como será a vida dos animais nos circos? Eles são bem tratados? Vivem livres ou presos? Registre sua opinião no caderno.

Ilustra Cartoon/Arquivo da editora

A germinação do feijão

O que é necessário para que uma semente germine, produzindo uma nova planta? Para descobrir, basta seguir os passos do experimento abaixo. Em aproximadamente uma semana você já terá a resposta.

Material:

- 24 grãos de feijão
- terra preta, seca
- 1 pedaço de algodão
- 8 copinhos plásticos
- água

- etiquetas
- lápis
- 1 seringa plástica sem a agulha
- 1 caixa com furos (feitos por um adulto) e tampa

Procedimentos

1 Identifique todos os copinhos com as etiquetas, numerando-os de 1 a 8. Coloque um pouco de terra no fundo dos copinhos 1, 2, 3 e 4. Depois, coloque um pedaço de algodão nos copinhos 5, 6, 7 e 8. Coloque três grãos de feijão em cada um dos copinhos, conforme mostra a tabela na próxima página. Prepare os oito copinhos de acordo com as instruções ao lado.

Ilustra Cartoon/Arquivo da editora

2 Os copinhos de números pares (2, 4, 6 e 8) devem ser colocados em uma caixa com tampa, dentro de um armário. É importante que o local seja escuro. Faça furinhos com o lápis em um dos lados da caixa para garantir a entrada de ar. Os copos de números ímpares (1, 3, 5 e 7) podem ser deixados em um local com bastante luminosidade.

3 Utilizando uma seringa, coloque a mesma quantidade de água na terra e no algodão dos copos 1, 2, 5 e 6. Procure não colocar água demais: só o suficiente para deixar o algodão e a terra molhados. Repita o procedimento diariamente, mas não encharque o algodão nem a terra.

Os copinhos 1, 2, 5 e 6 devem ser molhados com a mesma quantidade de água, prestando atenção para que a terra e o algodão não fiquem encharcados.

Ilustrações: Ilustra Cartoon/Arquivo da editora

Observação

● Observe durante uma semana aproximadamente para descobrir quais são os elementos vitais à germinação de uma semente. Utilize a tabela abaixo para orientar seus registros.

Resultados

Anote na tabela os resultados que observar.

Teste de germinação			Número do copo	Resultado
com terra	com água	com luz	1	
		sem luz	2	
	sem água	com luz	3	
		sem luz	4	
com algodão	com água	com luz	5	
		sem luz	6	
	sem água	com luz	7	
		sem luz	8	

Balaio de ideias, de Sérgio Capparelli. Porto Alegre: Projeto, 2006. p. 18-19.

FRUTAS E SUCOS

ÁGUA POTÁVEL

Marcos de Mello/Arquivo da editora

Entre nesta roda

- Nosso corpo tem vários sistemas. Você sabe o que é um sistema?
- Você sabe o que fazer para manter seu corpo saudável?
- Você sabe como funciona seu corpo?

Nesta Unidade vamos estudar...

- Corpo humano
- Ossos e músculos do corpo humano
- Como funciona o corpo humano: os sistemas
- Saúde e higiene
- Higiene física e mental
- Saneamento básico
- Doenças causadas por vermes e microrganismos
- Primeiros socorros

O SER HUMANO

Nós, seres humanos, pertencemos ao grupo dos animais. Como os outros animais, somos seres vivos, precisamos de alimento e podemos nos locomover.

Ciclo e fases da vida

Assim como todos os seres vivos, o ser humano passa por um ciclo de vida: nasce, cresce, pode se reproduzir e morre.

O crescimento do ser humano tem várias fases: infância, adolescência e fase adulta. Observe:

● Bebê de 5 meses.　● Criança de 8 anos.　● Adolescente de 17 anos.　● Adulta de 40 anos.

Reprodução e cuidados na primeira infância

A reprodução dos seres humanos se dá com a união das células reprodutoras feminina e masculina, formando a célula-ovo, denominada **zigoto**. Antes de nascer, o bebê desenvolve-se dentro da barriga da mãe.

Embrião com 1 mês　　Feto com 3 meses　　Feto com 6 meses　　Feto com 9 meses

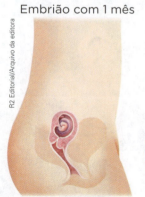 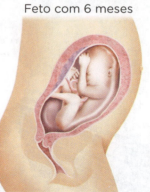 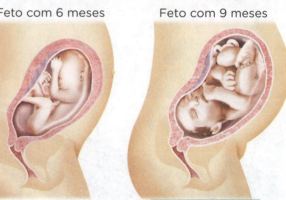

● À medida que o feto se desenvolve, da mesma forma o útero da mãe vai aumentando de tamanho até o nascimento do bebê.

Esquema simplificado.

Cores fantasia.

Muitos filhotes de animais tornam--se independentes desde cedo, pois precisam caçar o próprio alimento. Já o ser humano, nos primeiros anos de vida, depende dos cuidados de outra pessoa para sobreviver.

A Organização Mundial da Saúde (OMS) recomenda que a alimentação humana seja exclusivamente de leite materno pelo menos até os seis meses de vida, pois ele contém todos os nutrientes necessários para o desenvolvimento de uma criança nessa fase.

● O leite materno contém nutrientes essenciais para o crescimento do bebê. Além disso, também protege contra algumas infecções e doenças.

O corpo humano

Para melhor estudar o corpo humano, costuma-se dividi-lo em três partes: **cabeça**, **tronco** e **membros**.

Os membros superiores são formados por braços, antebraços e mãos. Os membros inferiores são formados por coxas, pernas e pés.

cabeça
membros superiores
tronco
membros inferiores

mão
braço
antebraço
membros superiores
membros inferiores
coxa
perna
pé

A estrutura óssea da cabeça é formada pela caixa craniana e pelos ossos da face.

A caixa craniana protege o **encéfalo**; este comanda o corpo: os movimentos, os sentidos e a inteligência.

O pescoço liga a cabeça ao tronco; nele, ficam a faringe e a laringe.

O tronco é formado pelo tórax, ou peito, e pelo abdome, ou barriga. O coração e os pulmões ficam no tórax. No abdome estão o estômago, os intestinos, o fígado, os rins e outros órgãos.

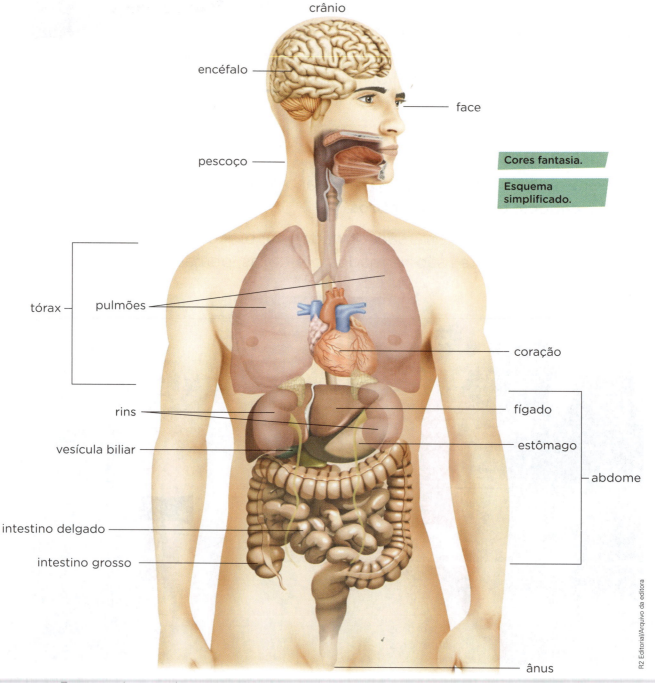

crânio

encéfalo

face

pescoço

Cores fantasia.

Esquema simplificado.

tórax

pulmões

coração

rins

fígado

vesícula biliar

estômago

abdome

intestino delgado

intestino grosso

ânus

R2 Editorial/Arquivo da editora

● Esquema do corpo humano evidenciando alguns órgãos e estruturas em transparência.

Atividades

1 O ser humano tem características que o diferenciam dos outros animais. Escreva a seguir algumas dessas características.

....

....

....

....

....

....

....

....

2 Assinale a alternativa incorreta.

Antes de nascer, o feto humano se desenvolve dentro da barriga da mãe.

☐ Para crescer, um humano recém-nascido precisa de nutrientes do leite, da carne e dos vegetais.

☐ Depois de nascer, o bebê continua crescendo e chega à fase adulta.

☐ Muitos animais aprendem a caçar ainda filhotes.

● Agora, corrija a frase que você assinalou.

....

....

....

3 Observe a figura e, depois, complete as frases com o termo correspondente.

Syrda Productions/Shutterstock

a) Dentro do crânio, fica o ....

b) Os membros superiores são formados por ...., ... e ....

c) Os .... e o coração ficam no ....

d) No abdome, encontram-se o ...., os ...., o ...., os .... e outros órgãos.

e) Coxas, pernas e pés formam os ....

17 OSSOS E MÚSCULOS DO CORPO HUMANO

Você já parou para pensar no que mantém nosso corpo em pé?

Além dos ossos que sustentam nosso corpo e protegem os órgãos internos, há também os músculos que preenchem o corpo humano e possibilitam os movimentos.

Leia o texto a seguir para compreender melhor.

Se não tivéssemos ossos, seríamos tão moles como gelatina. Os ossos que formam o esqueleto nos dão suporte e proteção contra ferimentos. Contudo, se nosso corpo fosse feito apenas de ossos, seríamos como uma marionete sem os cordões, um amontoado só de ossos. Evidentemente não temos cordões nos comandando de cima, mas temos cordões internos: os músculos. Os músculos são presos aos ossos e os mantêm no lugar. Graças a eles também podemos mover os ossos quando necessário: basta contrair um músculo que nosso osso se movimenta.

Atlas do corpo humano, de Mark Crocker. São Paulo: Scipione, 1994.

Os ossos

Os ossos são estruturas duras do corpo que, em conjunto, formam o esqueleto. Observe a figura.

Alguns ossos são longos, como os das clavículas, das costelas e dos membros. Outros ossos são curtos, como os das vértebras, dos pés e das mãos. Há também ossos chatos, como os do crânio e os da face.

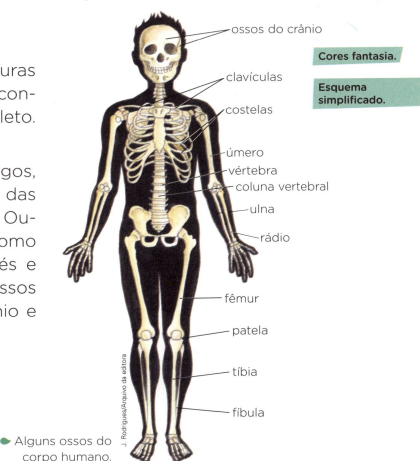

Cores fantasia.

Esquema simplificado.

ossos do crânio
clavículas
costelas
úmero
vértebra
coluna vertebral
ulna
rádio
fêmur
patela
tíbia
fíbula

J. Rodrigues/Arquivo da editora

● Alguns ossos do corpo humano.

As articulações

Os ossos que formam o esqueleto estão ligados uns aos outros pelas articulações. **Articulação** é o encontro de dois ou mais ossos.

Certas articulações possibilitam um movimento bastante amplo. Outras propiciam movimentos menores. Outras, ainda, praticamente não se mexem durante toda a vida. Por isso as articulações se classificam em **móveis**, **semimóveis** e **imóveis**.

As articulações dos ossos dos braços e das pernas, por exemplo, fazem movimentos bem amplos. São articulações móveis.

As articulações dos ossos da coluna vertebral fazem movimentos menores que as dos ossos dos braços, das mãos, das pernas, etc. São, portanto, articulações semimóveis.

As articulações dos ossos da parte superior do crânio são unidas e não se movimentam; são articulações imóveis.

Entretanto, na parte inferior do crânio temos a mandíbula, cuja articulação é responsável pelos movimentos da boca. No interior dessa articulação há discos de **cartilagem** bem próximos às orelhas (direita e esquerda) que facilitam o movimento.

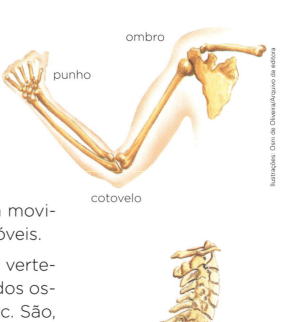

punho
ombro
cotovelo

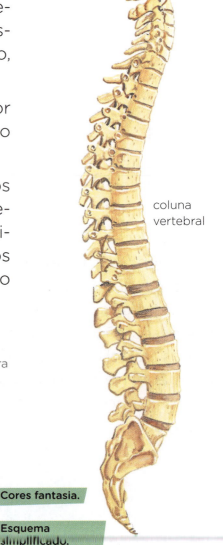

coluna vertebral

cartilagem: estrutura presente em todas as articulações e que serve para suavizar o impacto entre os ossos.

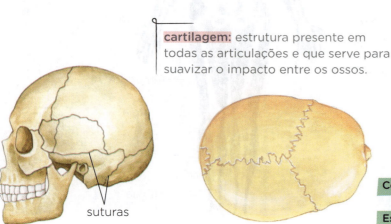

suturas

mandíbula

crânio

Cores fantasia.

Esquema simplificado.

Ilustrações: Osni de Oliveira/Arquivo da editora

Os músculos

Sem os músculos não poderíamos movimentar nosso corpo. A movimentação é muito importante, pois por meio dela podemos fazer coisas simples, como andar, sentar, praticar atividades físicas e engolir.

Além dos músculos, os movimentos de nosso corpo dependem dos ossos: o esqueleto dá sustentação ao corpo e os músculos dão movimento aos ossos.

Para movimentar os cerca de duzentos ossos de nosso corpo, temos mais de quinhentos músculos recobrindo todo o esqueleto.

Há músculos sobre os quais temos controle; eles movem os braços, as pernas e outras partes do corpo.

No entanto, nem todos os músculos obedecem à nossa vontade. O músculo estriado cardíaco, por exemplo, mantém o coração batendo constantemente, dia e noite, porque ele não necessita de um comando consciente para funcionar.

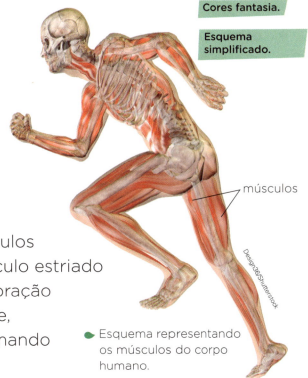

Cores fantasia.

Esquema simplificado.

músculos

Design36/Shutterstock

● Esquema representando os músculos do corpo humano.

 Tecnologia para... estudar o sistema ósseo humano em 3D

Com a ajuda do professor, acesse o aplicativo *Sistema ósseo 3D (Anatomia)*, disponível em: <https://play.google.com/store/apps/details?id=com.androiddevelopermx.blogspot.bones3d> (acesso em: 16 mar. 2019), e instale-o em seu aparelho de celular.

O aplicativo fornece informações sobre a anatomia do esqueleto humano, de forma detalhada e em terceira dimensão (3D). Para conhecer cada parte, basta clicar no osso de interesse que ele ficará em destaque, com outra cor. Em seguida, informações sobre a localização e a descrição do osso selecionado poderão ser maximizadas para facilitar a leitura.

Tipos de músculo

O corpo humano é constituído de três tipos de músculo:

- **estriado esquelético**: que recobre o esqueleto e permite que o corpo se movimente;

- **estriado cardíaco**: constitui o coração, que bombeia o sangue do coração para o corpo durante toda nossa vida;

- **não estriado**: que auxilia os movimentos dos órgãos internos; esse tipo de músculo recobre órgãos como o tubo digestório e os vasos sanguíneos.

Os músculos estriados esqueléticos são **voluntários**, ou seja, podemos controlar seus movimentos. Já os músculos não estriados e o estriado cardíaco são **involuntários**.

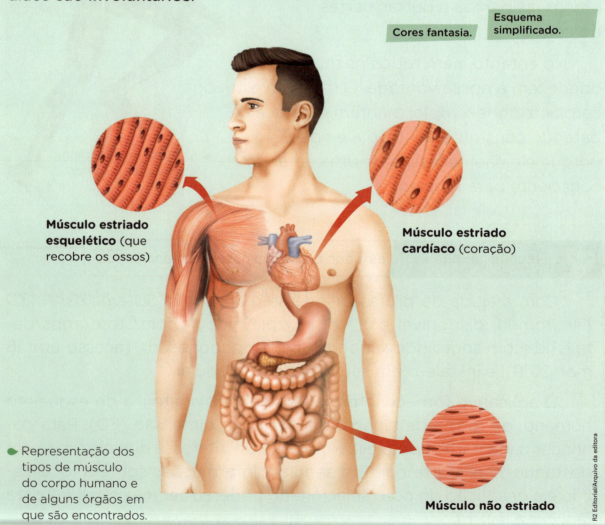

Cores fantasia.

Esquema simplificado.

Músculo estriado esquelético (que recobre os ossos)

Músculo estriado cardíaco (coração)

Músculo não estriado

● Representação dos tipos de músculo do corpo humano e de alguns órgãos em que são encontrados.

R2 Editorial/Arquivo da editora

Atividades

1 Classifique as articulações em móveis, imóveis ou semimóveis:

a) As articulações do joelho são ....

b) As articulações da parte superior do crânio são ....

c) As articulações das mãos são ....

d) As articulações da coluna vertebral são ....

2 Responda às questões a seguir.

a) Quais são as estruturas responsáveis pelo movimento de nosso corpo? Como elas funcionam?

....

....

....

....

b) Como se chama o conjunto dos ossos que sustentam nosso corpo?

....

3 Escreva um texto sobre a importância de movimentar nosso corpo no dia a dia.

....

....

....

....

....

....

O corpo humano está o tempo todo trabalhando. Mesmo enquanto você brinca, estuda, come ou dorme, diferentes partes de seu corpo estão em atividade.

As várias partes do nosso corpo precisam combinar suas funções para trabalhar em harmonia.

O corpo humano está dividido em partes constituídas de outras partes menores, e assim por diante. As partes que trabalham juntas para realizar uma mesma tarefa ou função formam conjuntos de órgãos, conhecidos como **sistemas**.

Nosso organismo tem vários sistemas, cada um deles com uma função.

Sistema locomotor

Os ossos e os músculos compõem o sistema locomotor. É ele que sustenta nosso corpo e nos permite fazer os movimentos.

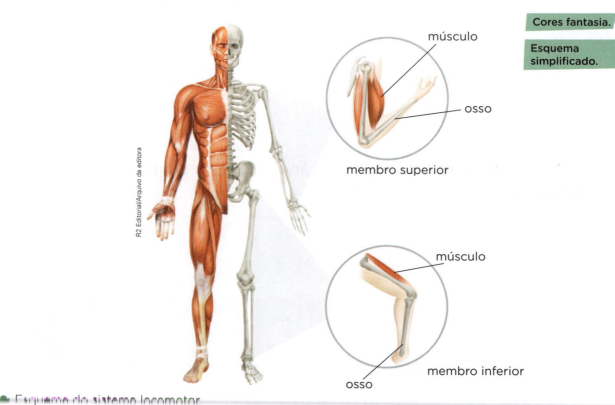

Cores fantasia.

Esquema simplificado.

músculo

osso

membro superior

músculo

osso

membro inferior

R2 Editorial/Arquivo da editora

● Esquema do sistema locomotor.

Sistema digestório

Durante a digestão, os alimentos são quebrados em partes muito pequenas, até que o organismo consiga absorver os nutrientes. Esse processo é realizado pelos órgãos do sistema digestório.

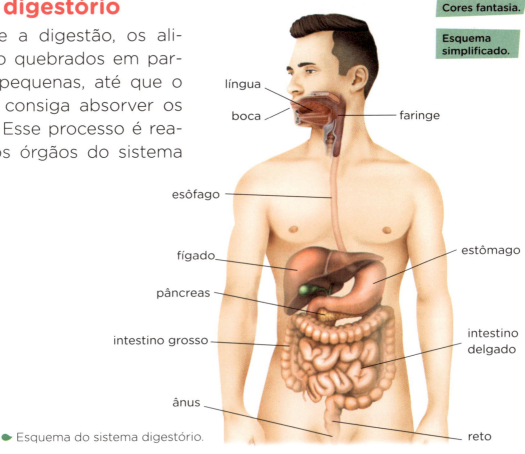

Cores fantasia.

Esquema simplificado.

língua
boca
faringe
esôfago
fígado
pâncreas
intestino grosso
ânus
estômago
intestino delgado
reto

● Esquema do sistema digestório.

Sistema respiratório

Não podemos viver sem ar. Pela respiração, nosso corpo retira gás oxigênio do ar e libera gás carbônico. Veja o lado os órgãos que compõem o sistema respiratório.

Cores fantasia.

Esquema simplificado.

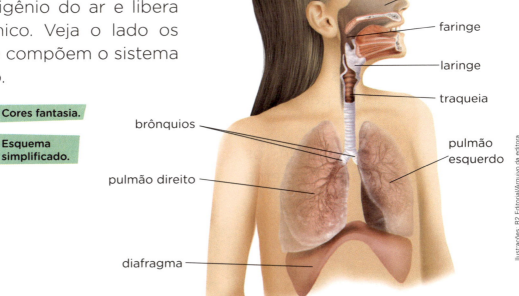

cavidades nasais
faringe
laringe
traqueia
brônquios
pulmão esquerdo
pulmão direito
diafragma

Ilustrações: R2 Editorial/Arquivo da editora

● Esquema do sistema respiratório.

Sistema cardiovascular

O sangue circula constantemente pelos vasos sanguíneos do sistema cardiovascular, levando a todas as partes do nosso corpo o alimento e o gás oxigênio de que necessitamos para viver.

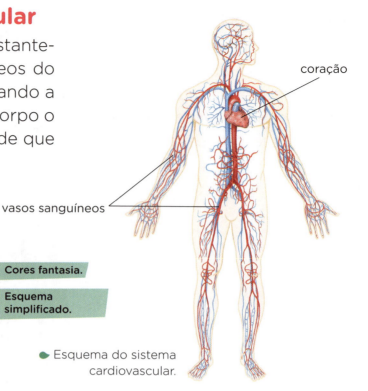

coração

vasos sanguíneos

Cores fantasia.

Esquema simplificado.

● Esquema do sistema cardiovascular.

Sistema nervoso

O sistema nervoso é composto de **encéfalo**, **medula espinal** e **nervos**.

O encéfalo comanda todas as funções de nosso corpo: correr, respirar, ouvir, ver, além de muitas outras habilidades.

A medula espinal transmite e regula os impulsos nervosos do restante do corpo para o cérebro.

Os nervos transmitem os impulsos e conectam o sistema nervoso.

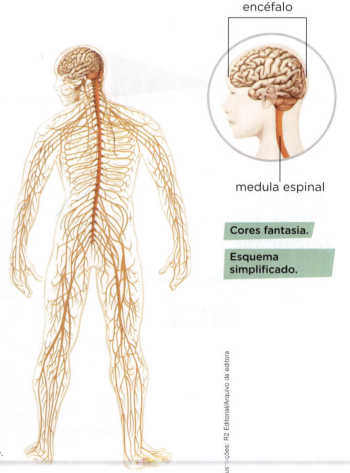

encéfalo

medula espinal

Cores fantasia.

Esquema simplificado.

● Esquema do sistema nervoso.

Ilus—ções: R2 Editorial/Arquivo da editora

Sistema urinário

As substâncias tóxicas ao organismo são eliminadas pela urina.

Cores fantasia.

Esquema simplificado.

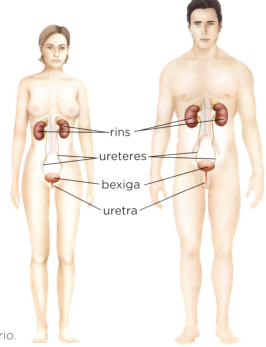

rins

ureteres

bexiga

uretra

● Esquema do sistema urinário.

Sistema genital

Nos testículos, no sistema genital masculino, e nos ovários, no sistema genital feminino, são produzidas as células reprodutoras: os **espermatozoides** e os **óvulos**, respectivamente.

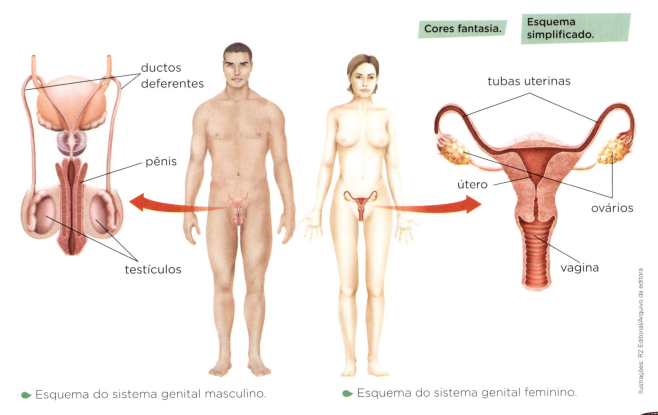

Cores fantasia.

Esquema simplificado.

ductos deferentes

pênis

testículos

tubas uterinas

útero

ovários

vagina

● Esquema do sistema genital masculino.

● Esquema do sistema genital feminino.

Ilustrações: R2 Editorial/Arquivo da editora

Atividades

1 As funções do corpo são sempre desempenhadas por sistemas. Escreva, com suas palavras, qual é a função do sistema digestório.

....

....

....

2 Relacione os sistemas do corpo humano às suas funções.

Sistema cardiovascular	Responsável pela respiração.
Sistema respiratório	Comanda as funções do corpo.
Sistema genital	Elimina as substâncias tóxicas ao corpo.
Sistema locomotor	Responsável pela circulação de sangue, oxigênio e alimento no corpo.
Sistema nervoso	Produz as células reprodutoras.
Sistema digestório	Sustenta e dá movimento ao corpo.
Sistema urinário	Faz a digestão dos alimentos.

3 Dos sistemas do corpo humano que você aprendeu, qual funcionamento você teve mais dificuldade para entender? Desenhe-o e compare com os desenhos de seus colegas, para que, juntos, vocês tentem compreender esses sistemas.

4 Você sabe identificar os sistemas do corpo humano? Vá ao **Caderno de criatividade e alegria**, na página **24**, e aplique o que aprendeu na atividade **18**.

Construindo um estetoscópio

O estetoscópio é um instrumento utilizado pelos médicos para escutar sons internos do nosso corpo, como os batimentos do coração, por exemplo.

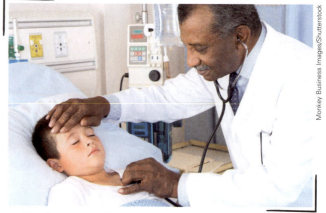

● Realizar consultas regulares ao médico é importante para acompanhar a saúde, além de ajudar a prevenir doenças.

Material

- 2 garrafas PET de 2 litros

- massinha de modelar

- 1 mangueira de borracha ou plástico com cerca de 60 cm

- 1 rolo de fita-crepe

- 1 tesoura com pontas arredondadas

Procedimentos

Primeira parte

1 Peça a um adulto que corte o gargalo das garrafas de plástico de modo a formar um funil.

2 Una cada um dos funis a uma das extremidades da mangueira e, se necessário, vede bem com a massinha e prenda com a fita.

Segunda parte

1 Encoste uma extremidade do estetoscópio do lado esquerdo do peito do seu colega e a outra extremidade na sua orelha.

2 Marque 1 minuto no relógio e, durante esse tempo, conte quantas vezes os barulhos se repetem.

3 Agora, sob a orientação do professor, faça polichinelos (pule abrindo e fechando as pernas, enquanto bate palmas sobre a cabeça) durante 30 segundos.

4 Marque novamente 1 minuto no relógio e durante esse tempo conte quantas vezes os barulhos se repetem.

Observação e conclusão

- Converse com seus colegas para que proponham explicações sobre a origem desses barulhos.

- Os barulhos que você escuta se repetem? Compare a quantidade de repetições dos barulhos em cada situação e tente explicar o que aconteceu.

Alimentação

Na sua opinião, a saúde está relacionada à alimentação e ao ambiente?

Ter disposição para realizar atividades como estudar, brincar e correr está relacionado a práticas de higiene física e hábitos saudáveis, o que também inclui cuidados com a alimentação.

Todos os seres vivos precisam de alimentos: eles são muito importantes para nosso crescimento, previnem doenças, além de nos dar energia para que possamos estudar, trabalhar, brincar e realizar muitas outras atividades.

Nós, os seres humanos, comemos alimentos de diferentes origens: mineral, vegetal e animal.

Os alimentos contêm diversos tipos de substâncias: açúcares, gorduras, vitaminas, proteínas, sais minerais e água.

De acordo com as substâncias que contêm, os alimentos são classificados em três grupos: construtores, energéticos e reguladores.

Os **alimentos construtores** são ricos em proteínas, substâncias que favorecem o crescimento e a reconstrução de estruturas do corpo, como no caso de um ferimento na pele, por exemplo.

A carne, o leite, o queijo, o ovo, o feijão e a ervilha são exemplos de alimentos construtores.

Os **alimentos energéticos** são ricos em açúcares e gorduras. Eles fornecem energia para o nosso corpo realizar suas atividades e produzir calor.

A maioria das frutas, a manteiga, o óleo, o arroz, o mel, a batata e os doces são exemplos de alimentos energéticos.

Elementos não proporcionais entre si.

Alex459/Shutterstock

Nattika/Shutterstock

Deep OV/Shutterstock

Preto Perola/Shutterstock

Ispace/Shutterstock

Evgeny Karandaev/Shutterstock

Wanchai/Shutterstock

Maks Narodenko/Shutterstock

Alimentos construtores.

Alimentos energéticos.

Os **alimentos reguladores** são ricos em vitaminas e sais minerais, substâncias que regulam o funcionamento do organismo e previnem doenças. As frutas, os legumes, as verduras, os queijos e os peixes são exemplos de alimentos reguladores.

Para ter boa saúde, é preciso ingerir alimentos construtores, energéticos e reguladores na quantidade adequada ao organismo e à idade. Mas lembre-se: comer demais não faz bem à saúde.

Janis Smits/Shutterstock

Diedie/Shutterstock

Elementos não proporcionais entre si.

MaraZe/Shutterstock

Africa Studio/Shutterstock

● Alimentos reguladores.

Alguns cuidados importantes para uma boa alimentação:

- comer pouca fritura;
- tomar água filtrada ou fervida todos os dias;
- comer frutas e verduras diariamente (é necessário lavá-las bem antes de comer);
- tomar leite fervido ou pasteurizado;
- mastigar bem os alimentos;
- procurar fazer as refeições em horários regulares;

Veja a seguir um exemplo de pirâmide alimentar, que indica os alimentos nas quantidades certas para a sua idade.

Óleos e gorduras

Açúcares e doces

Leite, queijo e iogurte

Carnes, ovos e grãos

Verduras e frutas

Arroz, pão, massa, batata e cereais

Ifong/Shutterstock

Palo_ok/Shutterstock

Água

Atividades

1 Converse com os colegas e anote suas conclusões: Por que os alimentos são importantes para a saúde?

2 Classifique os alimentos abaixo de acordo com a função que exercem.

a) Fornecem energia ao organismo:

_____

b) Regulam o funcionamento do corpo e previnem doenças:

_____

c) Ajudam no crescimento e na reconstrução de estruturas do corpo:

_____

3 Que alimentos você costuma ingerir diariamente? Cite alguns, completando a tabela.

Reguladores	
Construtores	
Energéticos	

4 Vamos relembrar algumas propriedades dos alimentos? Faça a atividade **20** da página **28** do **Caderno de criatividade e alegria**.

Higiene e hábitos saudáveis

O que é ser saudável?

O que precisamos fazer para ter uma vida saudável?

Além de uma boa alimentação, há outros aspectos que devem ser considerados quando falamos em saúde.

Ser saudável não significa apenas não estar doente. Além das doenças, existem outros fatores que diminuem nossa disposição, nossa força física e nosso ânimo na realização das atividades diárias. Situações como a perda de uma pessoa ou de um animal de que gostamos ou uma grande decepção podem comprometer nossa saúde.

Ter uma vida saudável significa cuidar do corpo, da mente e também do meio onde vivemos. Significa preservar não somente a saúde física, mas também o bem-estar mental e social.

Veja, a seguir, alguns cuidados que devemos ter com nosso corpo:

- tomar banho todos os dias;

- escovar os dentes ao levantar, após as refeições e antes de dormir;

- lavar as mãos antes das refeições, depois de brincar e após ir ao banheiro;

- andar calçado para evitar que larvas de certos vermes penetrem no organismo pelos pés;

- comer alimentos variados e em horários regulares;

- dormir cerca de oito horas por noite.

● Manter os dentes limpos e dormir bem são alguns exemplos de cuidados que devemos ter para uma vida saudável.

Cuidar da saúde da mente também deve ser uma de nossas preocupações. Para isso, é importante:

- viver em ambiente tranquilo, relacionando-se bem com as pessoas;

- ler jornais, revistas e livros recomendados pelos pais e professores;

- ouvir músicas que nos relaxem da tensão do dia a dia e não muito alto, para não prejudicar a audição nem atrapalhar outras pessoas;

- divertir-se (assistindo a bons programas de televisão, passeando, indo ao cinema, a parques, a museus, etc.);

- praticar atividades físicas (por exemplo, esportes, caminhadas e danças).

● Relacionar-se bem com outras pessoas é também um dos cuidados necessários para mantermos a saúde mental.

Convívio social

O ser humano não vive isolado. As pessoas precisam conviver umas com as outras. Mas, para que essa convivência seja boa para todos, é necessário:

- respeitar os direitos dos outros;

- tratar as pessoas com educação e delicadeza;

- manter limpos os lugares públicos, jogando o lixo nos locais adequados e nunca no chão;

- não desperdiçar água nem energia elétrica;

- conservar os bens públicos, como telefones, bancos de praças e monumentos.

● O convívio familiar harmonioso contribui para o bem-estar e a saúde de todos.

Atividades

1 O que você faria em cada uma destas situações? Faça um **X** na resposta escolhida.

Você está brincando na rua com seus colegas e sua mãe o chama para o almoço.

☐ Você entra e senta-se à mesa para comer.

☐ Você entra, lava as mãos e senta-se à mesa para comer.

Você termina de almoçar e seus colegas o chamam para continuar a brincadeira.

☐ Antes de sair, você escova os dentes.

☐ Você se levanta da mesa correndo e vai brincar.

Já passa das 10 horas da noite e você está com o aparelho de som ligado, ouvindo sua banda favorita.

☐ O som está bem alto para seu vizinho poder ouvir também.

☐ O som está baixo para não incomodar os vizinhos.

2 Para ter uma vida saudável, é importante que suas atividades físicas e mentais sejam distribuídas ao longo da semana de forma equilibrada. Por exemplo, quem só pensa em se exercitar pode estar deixando de aprender muitas coisas, e quem só pensa em assistir a filmes, ler e navegar na internet pode ter problemas de saúde por falta de exercícios físicos. Agora, pense um pouco sobre você.

- Como é sua rotina?

- Você pratica atividades físicas?

- Quanto tempo por dia você passa assistindo à televisão ou navegando na internet?

Converse com os colegas e o professor.

19

SANEAMENTO BÁSICO

Saneamento básico é o conjunto de medidas, providenciadas pelos poderes públicos, que visam preservar ou modificar as condições do meio ambiente para prevenir doenças e promover a saúde das pessoas.

Os principais serviços de saneamento básico são:

- tratamento e distribuição de água;

- coleta e tratamento de lixo;

- rede e tratamento de esgotos.

Tratamento e distribuição de água

A água deve ser tratada e purificada antes de ser distribuída à população. Para isso existem estações de tratamento em quase todas as cidades. No entanto, mesmo sendo tratada, devemos filtrar a água que chega à nossa casa antes de bebê-la.

Nos lugares onde não há estações de tratamento e naqueles onde se consome água de poço, é preciso fervê-la ou adicionar cloro a ela, além de filtrá-la.

Sem o tratamento adequado, a água pode transmitir muitas doenças.

Fernando Favoretto/Criar Imagem

● É preciso consumir água filtrada.

Coleta e tratamento de lixo

Para que o lixo seja recolhido, ele deve ser colocado em sacos plásticos ou em latas devidamente tampadas. O lixo espalhado no ambiente polui o solo, a água e o ar.

Algumas cidades brasileiras têm usinas de **coleta seletiva**, ou seja, de tratamento e reciclagem de lixo para reaproveitamento de vidros, papéis, plásticos e latas. Mas, para que esses materiais possam ser reciclados, devemos colocá-los em recipientes separados (o vidro em um recipiente específico para vidro, o papel em um recipiente específico para papéis, e assim por diante).

Ilustra Cartoon/Arquivo da editora

PLÁSTICO   PAPEL   VIDRO   ORGÂNICO   METAL

● A coleta seletiva é importante, pois possibilita a reciclagem do lixo, ação que ajuda a preservar os recursos da natureza.

Os restos de alimentos, cascas de frutas e legumes formam o **lixo orgânico**, ou seja, o que apodrece. Esse lixo também pode ser tratado em usinas de **compostagem** e reciclagem e transformado em adubo para fertilizar o solo.

Luciana Whitaker/Pulsar Imagens

● Trabalhadores em usina de compostagem e reciclagem separando materiais recicláveis do lixo que será transformado em adubo.

compostagem: processo que facilita a decomposição dos resíduos orgânicos pelos microrganismos, como fungos e bactérias. Eles transformam a matéria orgânica em húmus, um material muito rico em nutrientes e que fertiliza o solo.

Rede e tratamento de esgotos

Uma rede de esgotos é constituída por um conjunto de tubulações subterrâneas, por onde são recolhidos os **dejetos**, a água suja e outros resíduos que vêm, por exemplo, das casas e das indústrias.

Para não causar danos à saúde da população ou risco à natureza, o esgoto deve ser tratado nas estações de tratamento e só depois despejado nas águas de algum rio ou do mar.

◖ Estação de tratamento de esgotos em São José do Rio Preto (SP), em 2018.

Nos lugares onde não há rede de esgotos, os dejetos devem ser recolhidos em fossas sépticas ou latrinas.

Para evitar a contaminação do lençol de água subterrâneo, as fossas e latrinas precisam ficar bem afastadas dos poços e em um plano mais baixo do terreno, como mostra a ilustração.

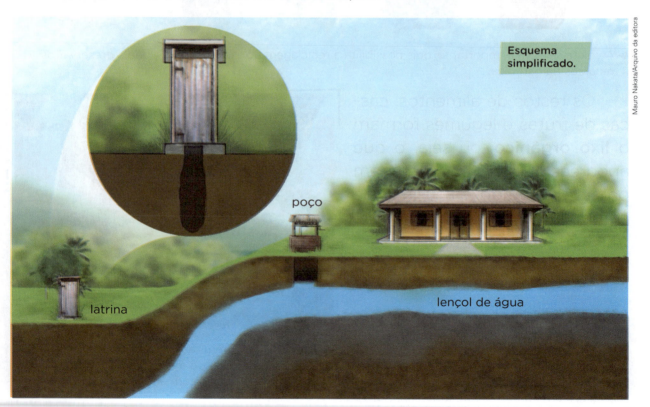

Esquema simplificado.

poço

latrina

lençol de água

◖ Local sem rede de esgotos.

Atividades

1 Faça um **X** nos serviços de saneamento básico existentes onde você mora.

☐ Coleta seletiva de lixo reciclável.

☐ Distribuição de água tratada.

☐ Rede de esgotos.

☐ Coleta de lixo.

2 Leia o texto a seguir e responda às questões propostas.

A natureza recicla

A natureza não produz lixo.

Se uma velha árvore morre, por exemplo, ela vai ser transformada pela própria natureza em húmus e sais minerais, isto é, matéria orgânica. Essa matéria será utilizada no desenvolvimento de outros vegetais. Alguns materiais criados pelo ser humano, como o plástico e o vidro levam um período muito longo, por vezes séculos, para se deteriorar pela ação da natureza.

a) Faça uma lista de alguns objetos que você e sua família costumam descartar no lixo.

b) Esse lixo descartado poderia ser reciclado? O que é preciso fazer para reciclar o lixo?

c) Antes de pensarmos em reutilizar e reciclar, há outra atitude muito importante que devemos tomar em relação ao lixo. Você saberia dizer qual é?

3 Vamos pensar em soluções para a falta de saneamento básico e para a saúde do meio ambiente? Veja, no **Caderno de criatividade e alegria**, as atividades **19** e **21** nas páginas **27** e **31**, respectivamente.

Reciclagem

A maioria de nós gosta de novidades e sempre há alguma coisa muito interessante que gostaríamos de ter, não é mesmo? Só que grande parte de tudo o que consumimos se transformará em lixo.

Para começar a pensar sobre esse assunto, leia a história em quadrinhos a seguir e, depois, converse com os colegas e o professor a respeito.

Fonte: Água, problemas e soluções – Parte II, de Mauricio de Sousa. **Saiba Mais – Água nº 30**. São Paulo: Panini, 2010.

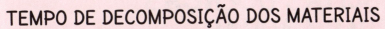

TEMPO DE DECOMPOSIÇÃO DOS MATERIAIS

Você sabia que uma garrafa plástica leva mais de 100 anos para ser decomposta no ambiente? Conheça o tempo de decomposição de alguns itens.

- Papel: de 3 a 6 meses.
- Pano: de 6 meses a 1 ano.
- Chiclete: 5 anos.

- Plástico: mais de 100 anos.
- Vidro: 1 milhão de anos.
- Borracha: tempo indeterminado.

Como separar o lixo em casa?

Para facilitar a coleta do lixo reciclável, foram estabelecidas cores de identificação. Assim, quando você for jogar algum lixo fora, preste atenção para fazer isso no lugar certo.

Ismar Ingber/Pulsar Imagens

- Papel: folha de caderno, jornais, revistas, e caixas em geral.
- Plástico: produtos descartáveis, embalagens de plástico, sacos e garrafas PET.
- Metal: latas de alumínio, tampas de garrafas e materiais de aço em geral.
- Vidro: garrafas, frascos de vidro e materiais de vidro em geral.
- Orgânico: restos de alimentos.

Atenção especial para **lixos eletrônicos**!

Pilhas e equipamentos eletrônicos não devem ser dispensados em lixo comum ou orgânico, mas sim em postos de coleta. Procure onde ficam os postos de coleta em sua cidade.

- Junte-se com alguns colegas e, em grupo, construam cartazes para informar a comunidade escolar sobre o tempo de decomposição de alguns produtos que fazem parte do dia a dia das pessoas. Apresentem soluções criativas para reutilizar o material descartável. Os cartazes poderão ser expostos no mural da escola.

20

ALGUMAS DOENÇAS E SUAS CAUSAS

Podemos adquirir doenças quando entramos em contato com certos seres vivos, como vermes e determinados microrganismos.

Doenças causadas por vermes

As doenças causadas por vermes são chamadas de **verminoses**.

Os vermes têm o corpo mole, pois não possuem esqueleto. Os que causam as verminoses são parasitas, isto é, vivem à custa de outro animal. Veja a seguir quais são as verminoses mais comuns em nosso país.

Ascaridíase

É causada pela lombriga, ou ascáride (*Ascaris lumbricoides*), um verme que se instala no intestino e provoca dor de barriga, falta de apetite e enfraquecimento.

Uma pessoa pode contrair a ascaridíase quando ingere ovos do verme por meio de mãos sujas levadas à boca e pela ingestão de água e alimentos contaminados.

Os ovos do verme podem contaminar a água quando uma pessoa com a doença elimina suas fezes no ambiente. Se essa água for bebida ou usada para regar plantações, pode contaminar outras pessoas.

Marcel Jancovic/Shutterstock

● Lombriga.

15 centímetros

Ilustra Cartoon/Arquivo da editora

● Uma salada mal lavada pode conter ovos de lombriga, contaminando a pessoa que come esse alimento.

Oxiurose ou enterobíase

É causada por um verme pequeno, quase transparente.

A contaminação ocorre pela ingestão de ovos do verme em alimentos por ele contaminados, da mesma forma que a ascaridíase. Mãos sujas e poeira contaminada também são formas de transmissão dessa doença.

● Oxiúro (ampliado 12 vezes).

O sintoma mais característico é a coceira no ânus. A pessoa pode, ainda, ter náusea, vômito, dores abdominais, diarreia e irritabilidade.

Esquistossomose

Também conhecida como barriga-d'água, essa doença é causada por um verme, o esquistossomo (*Schistosoma mansoni*), que, quando adulto, vive nas veias do intestino e do fígado da pessoa contaminada, onde se reproduz.

As fêmeas põem milhares de ovos. Uma parte deles fica no organismo da pessoa e a outra sai nas fezes.

● Caramujo onde se aloja o verme causador da esquistossomose.

Quando a pessoa contaminada defeca em rios ou lagos, os ovos soltam larvas que se alojam no corpo de um caramujo de água doce, onde vão se desenvolver. Desses caramujos saem muitas larvas que se espalham pela água e podem penetrar na pele humana de pessoas que pisam descalças, nadam ou tomam banho na água infectada. Pelo sangue, as larvas chegam ao intestino, onde crescem e se transformam em vermes adultos.

A pessoa infectada fica com sérios problemas, como enfraquecimento e lesões no fígado.

Teníase

É causada por um verme achatado, conhecido como solitária. Pode-se adquirir a teníase por ingestão de carne malcozida contaminada, de porco (*Taenia solium*) ou de boi (*Taenia saginata*), com larvas dos vermes, os **cisticercos**.

A pessoa contaminada pode eliminar os ovos no ambiente por meio das fezes. Quando o animal ingere os ovos, eles dão origem a larvas que se instalam em sua carne, contaminando-a. Se uma pessoa comer essa carne malcozida, os vermes se desenvolverão dentro de seu intestino.

A teníase causa enjoo, diarreia e emagrecimento.

Fabio Colombini/Acervo do fotógrafo

3 metros

● Solitária.

Ancilostomíase ou amarelão

A contaminação aqui se dá por penetração de larvas dos vermes através da pele, principalmente a dos pés, ou por ingestão de ovos do parasita.

Cath Wadforth/SPl/Fotoarena

● Ancilóstomo (ampliado 15 vezes).

Uma vez no intestino da pessoa, a fêmea põe ovos, que são eliminados nas fezes. No solo, os ovos libertam larvas capazes de atravessar a pele humana. Pelo sangue, elas vão até o intestino, onde o verme se desenvolve. Como o verme se fixa à parede intestinal e alimenta-se de sangue, a pessoa pode ter anemia, acompanhada de fraqueza e emagrecimento.

A contaminação pelo amarelão pode ser causada por dois vermes diferentes: o *Ancylostoma duodenale* e o *Necator americanus*.

Prevenção e tratamento das verminoses

Uma importante forma de prevenção das verminoses é dar boas condições de vida à população e informá-la sobre como evitar a contaminação. É preciso que todos tenham moradias adequadas com saneamento básico, rede de esgotos, água tratada, banheiros, e tenham hábitos de higiene adequados, como lavar sempre as mãos e higienizar os alimentos corretamente.

As verminoses geralmente são tratadas com remédios conhecidos como vermífugos.

● É importante sempre lavar as mãos antes das refeições ou de levar qualquer alimento à boca.

Para cada verminose, usa-se um vermífugo específico. E é preciso fazer um exame de fezes para saber se uma pessoa está ou não com algum tipo de verme.

Se o resultado do exame for positivo, isto é, indicar que a pessoa está com vermes, só o médico poderá receitar o vermífugo adequado.

No entanto, a prevenção por meio de saneamento básico ainda é a melhor maneira de acabar com as verminoses.

● Para evitar as verminoses, deve-se lavar bem os alimentos antes de ingeri-los.

● É perigoso para a saúde tomar remédios sem receita médica. Um médico deve ser sempre consultado.

Atividades

1 Complete as frases a seguir.

a) Para saber se uma pessoa está com algum tipo de verminose, é preciso fazer um ....

b) Também conhecida como ....,
a .... é causada por um verme,
o ...., que vive nas veias do ....
e do fígado da pessoa contaminada, onde se reproduz.

2 O que pode acontecer com uma criança que brinca descalça em água contaminada por esgotos?

....

3 Por que devemos cozinhar muito bem a carne de boi e a de porco antes de ingeri-las?

....

....

4 Cite a principal medida que deve ser tomada pelo governo para evitar que a população se contamine com verminoses.

....

....

5 Agora, cite algumas medidas que podem ser tomadas por você para evitar esse tipo de contaminação.

....

....

Doenças causadas por microrganismos

Antes de estudar as doenças causadas por microrganismos, vamos conhecer um pouco mais seus agentes causadores.

Os **microrganismos** são seres tão pequenos que só podem ser vistos com o auxílio de um microscópio. Eles estão em diferentes ambientes: no solo, no ar, na água e até no interior de nosso corpo.

Entre esses pequenos seres, podemos citar as bactérias, algumas espécies de fungos, os protozoários e os vírus.

Bactérias

As bactérias são organismos unicelulares e algumas delas podem viver em ambientes sem ar. Embora possam ser causadoras de doenças, são as bactérias as grandes responsáveis pela decomposição dos seres mortos. No organismo humano, certos tipos de bactérias atuam no intestino, ajudando-o a absorver melhor os alimentos e deixando o corpo em equilíbrio.

O ser humano também se aproveita da ação das bactérias em sua alimentação. Para fazer queijo, por exemplo, é necessária a participação de um tipo de bactéria chamado lactobacilo.

● No detalhe, bactérias de salmonela ampliadas cerca de 5 mil vezes por microscópio.

Fungos

Alguns fungos que podem ser vistos a olho nu são o bolor do pão, os cogumelos e o mofo. A maioria dos bolores contém substâncias tóxicas, por isso não devem ser ingeridos. Veja a imagem abaixo.

EXPLORE O INFOGRAFICO DA **PÁGINA** ✚.

● Fatias de pão com bolor.

Alguns fungos são usados na fabricação de alimentos e medicamentos. A penicilina é um exemplo conhecido desse uso. Outros são comestíveis, como o *champignon*, o *shimeji* e o *shitake*. Certos fungos são utilizados também para produzir o fermento usado em pães, bolos e algumas bebidas.

● O *champignon* é uma espécie de cogumelo comestível.

Protozoários

São seres vivos formados de uma única célula, e a maioria deles é microscópica. Podem habitar animais e vegetais, além de viver na água e no solo.

Sua forma é muito variável, seu corpo é pouco rígido e serve para se locomover e obter alimentos.

Alguns protozoários realizam todas as funções necessárias à vida, como alimentação, respiração, reprodução, excreção e locomoção.

Muitas doenças são causadas por protozoários, como a doença de Chagas e a malária.

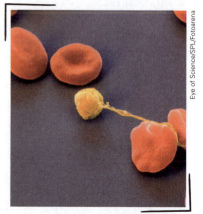

● Parasitas protozoários do gênero *Plasmodium* são os causadores da malária, doença infecciosa bastante comum nas regiões tropicais das Américas, da África e da Ásia. Imagem ampliada cerca de 1 280 vezes.

Vírus

Os vírus são seres microscópicos que podem se reproduzir em outro corpo de maneira rápida e assustadora. Também podem infectar bactérias, plantas, animais e, quando se instalam no organismo humano, podem ocasionar muitos tipos de doenças com várias formas de transmissão.

Alguns tipos de doenças mais comuns que os vírus podem causar ao ser humano são gripe, febre amarela, dengue e aids. Áreas em que muitas pessoas e/ou animais vivem próximos facilitam a propagação de um vírus como o da gripe.

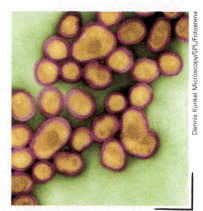

● O vírus *Influenza* A (H1N1) causa um tipo de gripe que ficou conhecido como "gripe suína". Imagem ampliada cerca de 14 740 vezes.

Microrganismos benéficos ao ser humano

Como você viu, nem todos os microrganismos provocam doenças. Alguns, por exemplo, podem ser utilizados na fabricação de alimentos como os empregados na produção de pães e iogurtes.

Um exemplo são os alimentos **probióticos** – organismos vivos que, quando administrados em quantidades adequadas, conferem benefício à saúde do indivíduo. Muitos produtos lácteos fermentados, como o iogurte e o *kefir*, contêm probióticos.

Kefir é uma substância fermentada, de sabor levemente azedo, produzida a partir da ação de bactérias e leveduras (fungos). Esses microrganismos, e os produtos que eles geram, promovem benefícios à saúde, resistência a doenças e apresentam muitos componentes nutricionais.

Veja a seguir como cultivar *kefir* de leite:

1 Coloque duas colheres de sopa de grãos de *kefir* de leite em um pote de vidro limpo.

2 Acrescente cerca de meio litro de leite. Não encha o pote até a borda, pois haverá liberação de gás durante a fermentação.

3 Cubra o pote com um papel-toalha ou um tecido de algodão e prenda-o com um elástico. Armazene o pote em temperatura ambiente e longe de luz.

4 Deixe fermentar por cerca de 24 horas. Nesse período, os microrganismos vão obter energia, transformando o açúcar do leite e gerando produtos como vitaminas, sais minerais, aminoácidos e enzimas.

24 h

5 Utilize uma peneira para coar o *kefir* sobre um segundo pote ou tigela e reserve a bebida para o consumo.

6 Retorne os grãos para o pote de vidro e reinicie o processo.

Ilustrações: Ilustra Cartoon/Arquivo da editora

Microrganismos patogênicos e as doenças causadas por eles

Os microrganismos que causam doenças são chamados de **patogênicos**. Algumas doenças causadas por eles são contagiosas, ou seja, uma pessoa que tem o microrganismo pode transmiti-lo a outra. O contágio pode ser direto ou indireto.

O contágio é direto quando uma pessoa sadia, ou seja, com boa saúde, pega o microrganismo de uma pessoa que está doente. Isso acontece se elas ficam próximas uma da outra. Dizemos que uma doença é de contágio indireto quando pode ser transmitida a alguém pelo uso de objetos contaminados, como talheres, lenços de papel, copos, entre outros.

Vamos conhecer um pouco mais algumas doenças provocadas por microrganismos patogênicos, que podem ser contagiosas.

Doença de Chagas

É causada por um parasita que vive no intestino de um inseto sugador de sangue, conhecido como *barbeiro* ou chupança. Ao picar uma pessoa, o barbeiro pode deixar no ferimento fezes contendo o parasita. As fezes provocam coceira. Ao se coçar, a pessoa facilita a entrada do parasita na pele, e ele pode chegar até o coração através da corrente sanguínea.

Enquanto está no sangue da pessoa, o parasita multiplica-se e invade seus órgãos, provocando a doença de Chagas. Caso atinja o coração, pode levar à morte.

Fabio Colombini/Acervo do fotógrafo

3 centímetros

● Barbeiro, inseto transmissor da doença de Chagas.

Dengue

A dengue é originada por um vírus transmitido ao ser humano pela picada de um mosquito.

A primeira transmissão acontece quando a fêmea do mosquito pica uma pessoa com o vírus, infectando-se. Ao picar outra pessoa, o inseto injeta nela o vírus.

● Mosquito transmissor da dengue.

O mosquito que transmite a dengue é chamado de **Aedes aegypti**. Podemos prevenir a dengue combatendo o mosquito transmissor.

O *Aedes aegypti* é também o mosquito transmissor da chikungunya e da zika. Todas essas doenças podem causar cansaço, dores no corpo, febre, além de vários outros sintomas.

Raiva

É causada por um vírus e pode acometer seres humanos, cães, gatos e outros mamíferos.

O animal doente transmite o vírus da raiva quando morde, lambe ou arranha outro animal ou uma pessoa.

Para prevenir a raiva, é preciso vacinar os cães e os gatos domésticos uma vez por ano e não deixá-los soltos na rua.

Em caso de mordida por qualquer animal mamífero, deve-se procurar com urgência assistência médica.

● Nunca abandone um animal na rua e proteja a saúde dele vacinando-o contra a raiva todos os anos.

Cólera

É causada por uma bactéria denominada vibrião colérico, transmitida ao ser humano por meio de água ou alimentos contaminados.

Para prevenir a cólera, devemos tomar os cuidados básicos de higiene e saneamento (beber água filtrada ou fervida, lavar frutas e verduras e cozinhar bem os alimentos, especialmente peixes e outros animais que vivem na água).

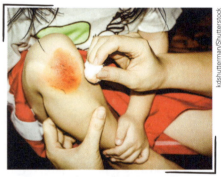

● A higienização correta dos alimentos, especialmente os consumidos sem cozimento, é muito importante para evitar doenças como a cólera.

Em lugares em que não há rede de saneamento, as fezes contaminadas podem chegar a um rio e, assim, contaminar os peixes. Elas podem, também, chegar às águas usadas nas plantações. As pessoas que comerem o alimento contaminado poderão ficar doentes.

Tétano

É causado por uma bactéria que pode ser encontrada em locais com bastante poeira, no lixo, no solo, em metais enferrujados, em fezes de animais e humanos e em objetos que possam contaminar o ser humano. A bactéria do tétano penetra no organismo por meio de cortes, arranhões ou outros ferimentos.

Para prevenir o tétano, é importante lavar com água e sabão qualquer ferimento o mais rápido possível e tomar vacina antitetânica.

● Ao perceber o ferimento, avise um adulto responsável por você para que ele faça os primeiros socorros.

Tuberculose

É causada por uma bactéria conhecida como bacilo de Koch, que ataca vários órgãos, sobretudo o pulmão.

São formas de prevenir-se contra a tuberculose: tomar a vacina BCG, ter uma boa alimentação, praticar atividades ao ar livre e evitar o contato com pessoas doentes.

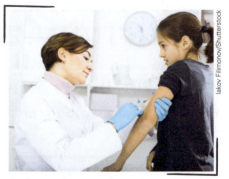

● As vacinas protegem o corpo contra vírus e bactérias.

Prevenção de doenças

Muitas doenças contagiosas podem ser evitadas tomando-se vacinas. Observe a seguir algumas vacinas do Calendário Nacional de Vacinação recomendado pelo Ministério da Saúde para crianças.

Calendário Nacional de Vacinação 2019									
Idade da criança	BCG	Hepatite B	Penta/DTP Difteria, tétano, pertússis, hepatite B (recombinante) e *Haemophilus influenzae* B (conjugada) penta	VIP/VOP Poliomielite 1, 2 e 3 (inativada) e poliomielite 1, 2 e 3 (atenuada)	Pneumocócica 10-valente (conjugada)	Rotavírus humano G1P1 [8] (atenuada)	Meningocócica C (conjugada)	Febre amarela (atenuada)	Sarampo, caxumba, rubéola (tríplice viral) e catapora (tetra viral)
Ao nascer	Dose única	Dose ao nascer							
2 meses			1ª dose (com penta)	1ª dose (com VIP)	1ª dose	1ª dose			
3 meses							1ª dose		
4 meses			2ª dose (com penta)	2ª dose (com VIP)	2ª dose	2ª dose			
5 meses							2ª dose		
6 meses			3ª dose (com penta)	3ª dose (com VOP)					
9 meses								Dose única	
12 meses					Reforço		Reforço		Uma dose (tríplice)
15 meses			1º reforço (com DTP)	1º reforço (com VOP)				Uma dose	1 dose (tetra)
2 anos									
4 anos			2º reforço (com DTP)	2º reforço (com VOP)					

Fonte: BRASIL. **Orientações sobre vacinação**. Brasília, DF: Ministério da Saúde. Disponível em: <http://portalms.saude.gov.br/saude-de-a-z/vacinacao/orientacoes-sobre-vacinacao>*. Acesso em: 6 maio 2019.

---

* Para conhecer o Calendário Nacional de Vacinação 2019 completo, acesse o *site*.

Atividades

1 O que são doenças contagiosas?

....

....

2 Como ocorre a transmissão de uma doença por contágio direto?

....

....

....

....

3 Como ocorre a transmissão de uma doença por contágio indireto?

....

....

....

....

4 Para que servem as vacinas?

....

....

5 Peça ajuda a seus responsáveis para consultar sua carteira de vacinação. Compare-a com o quadro da página 181 e responda: Você tomou todas as vacinas recomendadas para sua idade? Se não tomou, sabe dizer o motivo?

....

....

6 Complete a cruzadinha.

1. Os menores seres vivos da Terra.

2. Instrumento para observação de objetos ou seres muito pequenos.

3. Remédio feito de um fungo que vive no ar.

4. Causam a doença de Chagas e a malária.

5. Microrganismos que podem ser usados na fabricação de pães.

6. Os menores microrganismos.

7. Tipo de fungo que não é tóxico, por isso pode ser consumido.

8. Bactérias usadas para fazer queijo.

9. Parte do corpo do ser humano em que as bactérias têm uma função benéfica.

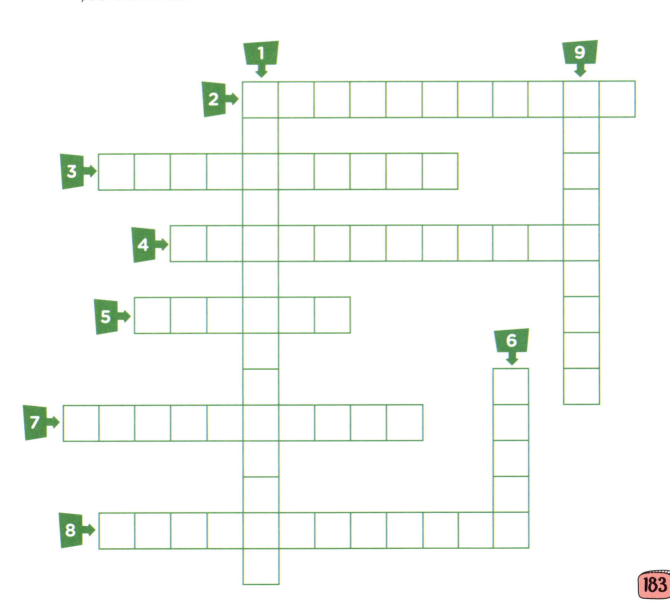

7 Leia o texto a seguir.

O ser humano utiliza os fungos desde a Antiguidade. Hoje eles fazem parte do nosso cotidiano, por exemplo na produção de pães, queijos, bolos e também de medicamentos. A penicilina é um remédio usado contra várias doenças; ela é feita de um fungo, o *Penicilium*.

Alguns fungos provocam doenças, como o sapinho e a micose de pele. Também são responsáveis, com as bactérias, pelo cheiro característico de chulé. Os fungos causam ainda doenças nos outros animais e nas plantas.

- Agora, discuta com os colegas: Em quais situações os fungos podem ser benéficos aos seres humanos e quando eles são maléficos?

8 Você aprendeu que os microrganismos também têm utilidade na medicina. Pesquise, descubra e escreva para que servem as vacinas e os antibióticos.

....

....

....

9 Pense em uma doença que você já teve e foi causada por microrganismos. Depois, busque informações sobre essa doença.

....

....

....

....

....

....

10 Cruzadinhas são muito divertidas! Vá para a página **32** do **Caderno de criatividade e alegria** e complete uma na atividade **22**.

11 Cite alguns cuidados que devemos ter para evitar doenças causadas pela ingestão de alimentos e/ou água contaminados por certas bactérias, vírus ou outros microrganismos parasitas.

....

....

....

....

12 Leia o seguinte trecho de uma reportagem:

[...] Bactérias dos gêneros *Bacillus*, *Pseudomonas*, *Rhodobacter* e *Achromobacter* são exemplos de microrganismos capazes de degradar petróleo e seus derivados por um processo conhecido como biorremediação. Além das bactérias, fungos e plantas também são utilizados para remover ou degradar contaminantes ambientais.

A contaminação por petróleo, metais pesados, agrotóxicos, esgoto e outros resíduos também pode ser revertida com a aplicação dessa técnica versátil e, muitas vezes, mais barata e ecologicamente sustentável do que as técnicas tradicionais. [...]

Microrganismos são alternativa sustentável para recuperação de áreas contaminadas, de Luanne Caires. **Comciência**. Disponível em: <http://www.comciencia.br/microrganismos-sao-alternativa-sustentavel-para-recuperacao-de-areas-contaminadas>. Acesso em: 16 mar. 2019.

- Crie um título para essa reportagem usando o termo "microrganismos".

....

....

13 O chamado fermento biológico contém microrganismos que transformam o açúcar da massa do pão em energia e geram produtos como o gás carbônico. Parte do gás liberado fica "aprisionado" na massa, formando pequenos "buracos". O aumento de temperatura durante a cozedura do pão provoca a expansão do gás cabônico, consequentemente, o aumento do tamanho desses "buracos" na massa.

- Qual é o benefício de adicionar microrganismos na massa de pão?

....

....

21

PRIMEIROS SOCORROS

Em qualquer lugar e hora estamos sujeitos a sofrer acidentes que podem causar ferimentos, queimaduras, fraturas ou outros danos. Muitos acidentes, que poderiam ser evitados, acontecem por falta de cuidado, atenção ou mesmo informação.

Em certos casos de acidente ou mal-estar, podem ser tomados alguns cuidados que ajudam a pessoa acidentada e, às vezes, até salvam sua vida. Esses cuidados são chamados de **primeiros socorros**.

Veja, a seguir, os primeiros socorros em alguns tipos de acidentes. E lembre-se: diante de toda situação de mal-estar ou ferimento, avise uma pessoa adulta, que terá mais condições de tomar as providências necessárias.

Ferimentos

- Lave a ferida com água limpa e sabão.

- Aplique água oxigenada (a de 10 volumes, nunca a de 20 volumes). Atenção: evite a região dos olhos, pois a água oxigenada pode provocar irritações.

- Proteja o local temporariamente com gaze esterilizada e esparadrapo.

- Em caso de ferimento profundo, procure assistência médica.

Ilustra Cartoon/Arquivo da editora

Sangramento nasal

- Sente a pessoa um pouco inclinada para a frente, evitando que o sangue escorra para dentro da garganta.

- Comprima as narinas com as pontas dos dedos, sem apertá-las demais, por 10 minutos.

- Não deixe a pessoa fungar ou assoar o nariz.

- Se o sangramento não parar, procure assistência médica.

Desmaios

- Deite a pessoa de costas e eleve suas pernas, mantendo-as elevadas por algum tempo. A elevação das pernas faz com que mais sangue chegue à cabeça, e a pessoa volta a si mais rapidamente.

- Se ela estiver usando roupas apertadas, solte fivelas, botões e elásticos.

- Aplique panos com água fria no rosto e na testa.

Queimaduras

- Deixe o local atingido debaixo de água fria por alguns minutos. Não aplique sobre a queimadura pomadas, pasta de dentes ou outras substâncias.

- Seque o local queimado com delicadeza e cubra-o com um pano limpo.

- Se surgirem bolhas, não as fure. Procure assistência médica.

Insolação

- Leve a pessoa para um local bem arejado.

- Se ela estiver usando roupas apertadas, solte fivelas, botões e elásticos.

- Aplique-lhe compressas frias sobre a cabeça.

- Se a pessoa estiver consciente, estimule a ingestão de líquidos, de preferência água.

Fraturas

- Evite movimentar a pessoa acidentada.

- Não pressione o local machucado.

- Encaminhe a pessoa acidentada a um hospital para receber cuidados médicos imediatamente.

Choque elétrico

- Antes de prestar socorro à pessoa, desligue o aparelho da tomada ou a chave geral da casa.

- Se a pessoa estiver grudada nos fios elétricos, não encoste nela nem nos fios; utilize pedaços de madeira para tentar desvencilhar a pessoa dos fios.

- Se ela estiver usando roupas apertadas, solte fivelas, elásticos e botões, caso seja necessário.

- Procure ajuda médica imediatamente.

Ilustrações: Ilustra Cartoon/Arquivo da editora

Picada de inseto

- Se o inseto deixou o ferrão no local da picada e se ele for visível, tente tirar o ferrão com uma pinça.

- Lave bem o local com água e sabão.

- Se o ferrão estiver profundo demais para ser extraído ou se a pessoa for alérgica a picada de insetos, procure assistência médica imediatamente.

Picada de cobra*

- Deite a pessoa no chão e evite que ela se movimente.

- Coloque a perna ou o braço que foi picado numa posição mais elevada.

- Leve a pessoa imediatamente ao serviço de saúde mais próximo, para que possa receber o soro em tempo.

POSTO DE SAÚDE

Ilustração: Ilustra Cartoon/Arquivo da editora

Atenção:

- Não faça torniquete: impedindo a circulação do sangue, você pode causar gangrena ou necrose.

- Não corte o local da ferida nem aplique folhas, pó de café ou terra sobre ela para não provocar infecção.

* Primeiros Socorros, do Instituto Butantã. Disponível em: <http://butantan. gov.br/atendimento-medico/primeiro-socorros>. Acesso em: 3 maio 2019.

Atividades

1 Explique com suas palavras para que servem os primeiros socorros.

....

....

....

2 Você já viu alguma pessoa sendo socorrida? Conte como foi.

....

....

....

3 Os acidentes podem ocorrer em nossa casa, na escola, no trabalho, na rua ou em qualquer outro lugar.
Escreva quais são, em sua opinião, os cuidados mais importantes para evitar acidentes em cada um dos locais abaixo.

- Em casa:

....

....

- Na escola:

....

....

- Na rua:

....

....

4 Marque com um **X** as recomendações que indicam o que uma criança deve fazer para evitar acidentes.

☐ Tomar cuidado com panelas sobre o fogão.

☐ Só tomar remédio com indicação médica e sob a orientação de um adulto responsável.

☐ Atravessar a rua sem olhar para os lados.

☐ Pular muros.

☐ Tomar cuidado com tesouras, agulhas e facas.

5 Leia o texto a seguir.

Por falta de hospitais e prontos-socorros, muitas pessoas doentes não conseguem atendimento médico.

É preciso melhorar a qualidade de vida das pessoas, com medidas capazes de reduzir, e até mesmo eliminar, algumas doenças.

• Troque ideias com os colegas e o professor sobre esse assunto. Depois, registre as conclusões a que vocês chegaram.

Em minha opinião e na de meus colegas de classe, são estas algumas

das medidas que podem ser tomadas para melhorar a qualidade de

vida dos brasileiros:

BIBLIOGRAFIA

ALLAN, L. *Escola.com*: como as novas tecnologias estão transformando a educação na prática. Barueri: Figurati, 2015.

BANNELL, R. I. et al. *Educação no século XXI*: cognição, tecnologias e aprendizagens. Petrópolis: Vozes; Rio de Janeiro: Editora PUC, 2016.

BARBOSA, L. M. S. *Temas transversais*: como utilizá-los na prática educativa. Curitiba: IBPEX, 2007.

BARCELOS, V. *Octávio Paz*: da ecologia global à educação ambiental na escola. Lisboa: Instituto Piaget, 2007.

BIZZO, N. *Ciências*: fácil ou difícil? São Paulo: Biruta, 2009.

BORGES, D. S. C.; MARTURANO, E. M. *Alfabetização em valores humanos*: um método para o ensino de habilidades sociais. São Paulo: Summus, 2012.

BRASIL. Ministério da Educação. Secretaria de Educação Básica. Fundo Nacional de Desenvolvimento da Educação. Ensino Fundamental de nove anos: orientações para a inclusão da criança de seis anos de idade. Brasília, 2006.

_____. Pró-letramento: programa de formação continuada de professores das séries iniciais do Ensino Fundamental. Brasília, 2006.

BRASIL. Ministério da Educação. Secretaria de Educação Fundamental. Base Nacional Comum Curricular (BNCC): Ciência da Natureza, Brasília, 2017.

_____. Parâmetros curriculares nacionais: ciências naturais, meio ambiente e saúde. Brasília, 1997.

_____. Parâmetros curriculares nacionais: temas transversais — apresentação, ética, pluralidade cultural, orientação sexual. Brasília, 1997.

_____. Referencial curricular nacional para Educação Infantil. Brasília, 1998.s

CANIATO, R. *Com ciência na educação*. Campinas: Papirus, 2003.

CAPRA, F. et al. *Alfabetização ecológica*: a educação das crianças para um mundo sustentável. São Paulo: Cultrix, 2006.

CARVALHO, A. M. P. (Org.). *Formação continuada de professores*: uma releitura das áreas de conteúdo. São Paulo: Cengage, 2017.

CIÊNCIA VIVA: a construção do conhecimento. São Paulo: Meca, 2001.

COELHO, M. I. M.; COSTA, A. E. B. et al. *A educação e a formação humana*. Porto Alegre: Artmed, 2009.

COHEN, Elizabeth G.; LOTAN, Rachel A. *Planejando o trabalho em grupo*: estratégias para salas de aula heterogêneas. Tradução de Luís Fernando Marques Dorvillé, Mila Molina Carneiro e Paula Márcia Schmaltz Ferreira Rozin. Porto Alegre: Penso, 2017.

CUNHA, N. H. S. *Criar para brincar*: a sucata como recurso pedagógico. São Paulo: Aquariana, 2005.

CURRIE, K. L.; CARVALHO, Sheila Elizabeth Currie de. *Nutrição*: Interdisciplinaridade na prática. Campinas: Papirus, 2017.

DELIZOICOV, D.; ANGOTTI, J. *A metodologia do ensino de ciências*. São Paulo: Cortez, 1990.

DEMO, P. *Habilidades e competências no século XXI*. Porto Alegre: Mediação, 2010.

DOW, K.; DOWNING, T. E. *O atlas da mudança climática*. São Paulo: Publifolha, 2007.

DUDENEY, G.; HOCKLY, N.; PEGRUM, M. *Letramentos digitais*. Tradução de Marcos Marciolino. São Paulo: Parábola Editorial, 2016.

FAZENDA, I. C. A. *Didática e interdisciplinaridade*. Campinas: Papirus, 2010.

GADOTTI, M. *Pedagogia da terra*. São Paulo: Peirópolis, 2000.

GARDNER, H. *Inteligências múltiplas*: a teoria na prática. Porto Alegre: Artmed, 1995.

GOULART, I. B. *Piaget*: experiências básicas para utilização pelo professor. Petrópolis: Vozes, 2003.

GUIMARÃES, M. *A formação de educadores ambientais*. Campinas: Papirus, 2004.

GUZZO, V. *A formação do sujeito autônomo*: uma proposta da escola cidadã. Caxias do Sul: Educs, 2004.

HOFFMANN, J. *Avaliar para promover*: as setas do caminho. Porto Alegre: Mediação, 2009.

KINDEL, E. A. *Práticas pedagógicas em Ciências*: espaço, tempo e corporeidade. Erechim: Edelbra, 2012.

KRAEMER, M. L. *Quando brincar é aprender*. São Paulo: Loyola, 2007.

LA TAILLE, Y. *Limites*: três dimensões educacionais. São Paulo: Ática, 2000.

LEGAN, L. *A escola sustentável*: eco-alfabetizando pelo ambiente. São Paulo: Imesp; Pirenópolis: Ecocentro, Ipec, 2007.

LUCKESI, C. C. *Avaliação da aprendizagem escolar*: estudos e proposições. 22. ed. São Paulo: Cortez, 2011.

MACEDO, L. *Ensaios pedagógicos*: como construir uma escola para todos? Porto Alegre: Artmed, 2005.

MARZANO, R. J.; PICKERING, D. J.; POLLOCK, J. E. *O ensino que funciona*: estratégias baseadas em evidências para melhorar o desempenho dos alunos. Porto Alegre: Artmed, 2008.

MINOZZO, E. L.; ÁVILA, E. P. de. *Escola segura*: prevenção de acidentes e primeiros socorros. Porto Alegre: AGE, 2006.

MOREIRA, A. F.; TADEU, T. (Org.). *Currículo, cultura e sociedade*. São Paulo: Cortez, 2013.

MOYLES, J. R. et al. *A excelência do brincar*. Porto Alegre: Artmed, 2006.

OLIVEIRA, G. C. *Avaliação psicomotora à luz da psicologia e da psicopedagogia*. Petrópolis: Vozes, 2014.

PAGNONCELLI, C.; MALANCHEN, J.; MATOS, N. S. D *O trabalho pedagógico nas disciplinas escolares*: contribuições a partir dos fundamentos da pedagogia histórico-crítica. Campinas: Armazém do Ipê, 2016.

PERRENOUD, P. et al. *A escola de A a Z*: 26 maneiras de repensar a educação. Porto Alegre: Artmed, 2005.

ROEGIERS, X. *Aprendizagem integrada*: situações do cotidiano escolar. Porto Alegre: Artmed, 2006.

SANCHO, J. M. et al. *Tecnologias para transformar a educação*. Porto Alegre: Artmed, 2006.

SCHILLER, P.; ROSSANO, J. *Ensinar e aprender brincando*: mais de 750 atividades para Educação Infantil. Porto Alegre: Artmed, 2008.

SERRANO, G. P. *Educação em valores*: como educar para a democracia. Tradução de Fátima Murad. Porto Alegre: Artmed, 2002.

SETUBAL, M. A. *Educação e sustentabilidade*: princípios e valores para a formação de educadores. São Paulo: Peirópolis, 2015.

SILVA, J. F. da; HOFFMANN, J.; ESTEBAN, M. T. (Org.). *Práticas avaliativas e aprendizagens significativas*. Porto Alegre: Mediação, 2003.

TRIVELATO, S. F.; SILVA, R. L. F. *Ensino de Ciências*. São Paulo: Cengage Learning, 2017. (Coleção Ideias em ação).

MARCHA CRIANÇA

CADERNO DE CRIATIVIDADE E ALEGRIA

ALUNO: ....

ESCOLA: .... TURMA: ....

editora scipione

SUMÁRIO

O UNIVERSO E NÓS

O Sistema Solar

1 Neste jogo, seu foguete partirá de Mercúrio em uma viagem até Netuno.

- Recorte os foguetes e as fichas a seguir.

 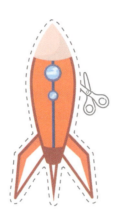 

Ilustra Cartoon/Arquivo da editora

Vá ao planeta onde há vida da forma como conhecemos.	Fique onde está.	Vá ao planeta conhecido por seus anéis.	Vá ao segundo planeta depois da Terra.
Fique onde está.	Volte um planeta.	Pule um planeta.	Vá ao planeta mais próximo do Sol.
Vá até o quarto planeta.	Vá até o planeta anterior a Netuno.	Pule dois planetas.	Vá até o próximo planeta.

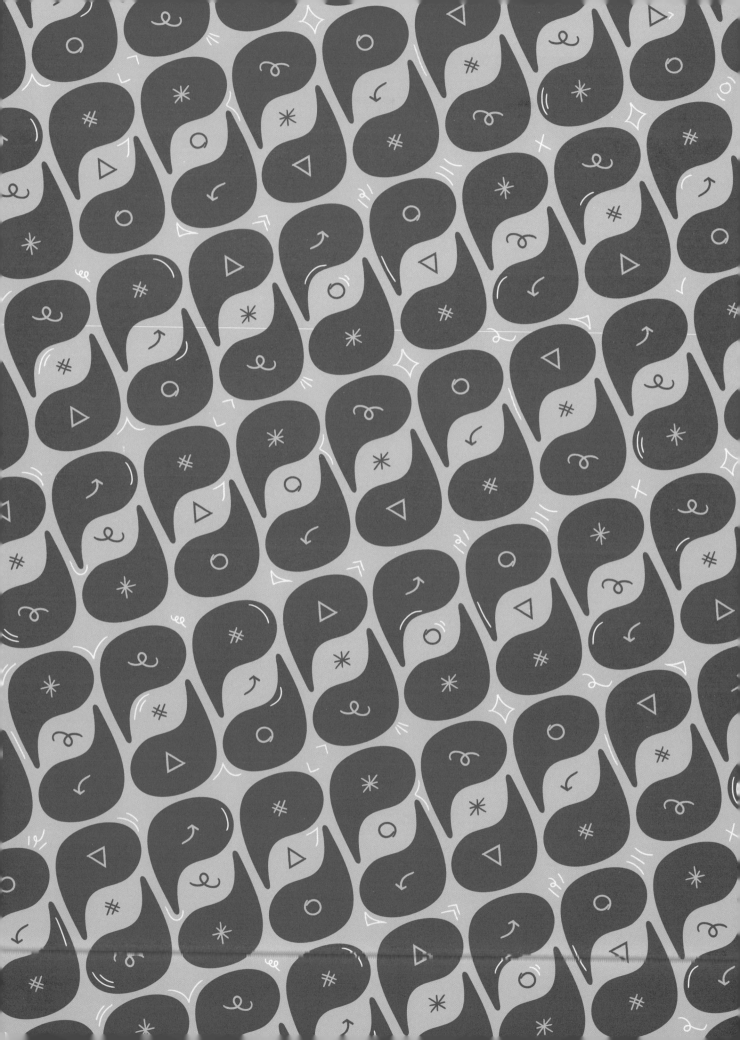

- Convide um colega para jogar. Cada jogador deve posicionar seu foguete no planeta Mercúrio para começar a viagem.

- O jogador da vez tira uma ficha, move seu foguete de acordo com as instruções e, em seguida, passa a vez ao próximo jogador.

- Vence o jogador que chegar primeiro a Netuno.

Cassiano Róda/Arquivo da editora

Elementos não proporcionais entre si.

Cores fantasia.

Elementos em distâncias não reais entre si.

As camadas da Terra

2 Você já reparou que existem vários tipos de papel, com diferentes cores, texturas, brilho, etc.?

- Escolha três tipos de papel para representar as três principais camadas da Terra. Você pode pintá-los, amassá-los, cortá-los e alterá-los de várias maneiras. Depois, cole-os no espaço abaixo, formando as três camadas.

3 Imagine que outro sistema planetário tenha sido descoberto por um satélite. Leia abaixo a descrição desse sistema e marque um **X** na imagem que melhor representa esse sistema.

Sistema planetário com seis planetas orbitando uma estrela semelhante ao Sol. Cinco planetas têm tamanhos semelhantes e órbitas muito próximas da estrela central. O sexto planeta, bem maior que os demais, está em uma órbita mais distante. O primeiro e o terceiro planetas apresentam um satélite natural, semelhante à Lua.

Ilustrações: R2 Editorial/Arquivo da editora

Elementos não proporcionais entre si.

Cores fantasia.

Elementos em distâncias não reais entre si.

Pontos cardeais

4 Leia o fragmento de texto a seguir.

O Sol e os Pontos Cardeais

[...] Os tupis-guaranis determinam o meio-dia solar, os pontos cardeais e as estações do ano utilizando o relógio solar vertical, ou gnômon, que na língua tupi antiga, por exemplo, chamava-se Cuaracyraangaba. Ele é constituído de uma haste cravada verticalmente em um terreno horizontal, da qual se observa a sombra projetada pelo Sol. [...]

[...] Na cosmogênese guarani, Nhanderu (Nosso Pai) criou quatro deuses principais que o ajudaram na criação da Terra e de seus habitantes. O zênite representa Nhanderu [Sol] e os quatro pontos cardeais representam esses deuses. O Norte é Jakaira, deus da neblina vivificante e das brumas que abrandam o calor, origem dos bons ventos. O Leste é Karai, deus do fogo e do ruído do crepitar das chamas sagradas. No Sul, Nhamandu, deus do Sol e das palavras, representa a origem do tempo-espaço primordial. No Oeste, Tupã é deus das águas, do mar e de suas extensões, das chuvas, dos relâmpagos e dos trovões. [...]

Mitos e estações no céu Tupi-Guarani, de Germano Afonso. **Scientific American Brasil**.
Disponível em: <http://www2.uol.com.br/sciam/reportagens/mitos_e_estacees_no_ceu_tupi-guarani.html>.
Acesso em: 25 mar. 2019.

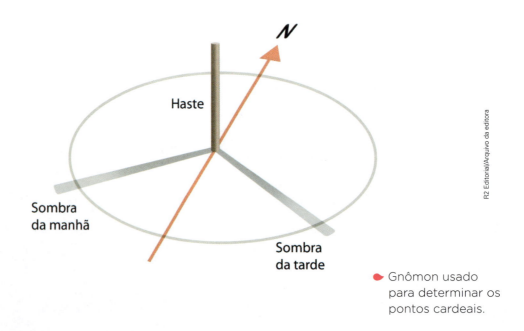

R2 Editorial/Arquivo da editora

● Gnômon usado para determinar os pontos cardeais.

● Indique, na imagem, a posição dos quatro deuses, segundo a **cosmogênese** guarani.

cosmogênese: narrativas ou explicações sobre o surgimento do mundo ou do Universo.

5 Os povos indígenas costumam associar a passagem periódica dos astros no céu com fenômenos naturais, clima, atividades agrícolas e atividades comemorativas.

- Observe o calendário mensal de alguns povos do Parque Nacional do Xingu.

CALENDÁRIO INDÍGENA

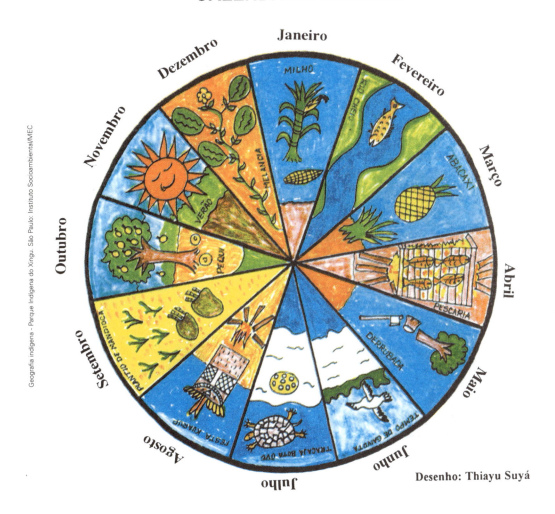

Geografia indígena - Parque Indígena do Xingu. São Paulo: Instituto Socioambiental/MEC

Desenho: Thiayu Suyá

- De acordo com esse calendário, em que mês começa o verão? E em que mês eles realizam a pesca?

....

....

- Escolha um mês do calendário anual e faça um desenho em cartolina relacionado ao clima, a alguma atividade ou a alguma característica que a sua região apresente nesse período.

MEIO AMBIENTE

O solo – tipos de solo

6 A técnica do mosaico é antiga. Ela consiste na junção e colagem de pequenos fragmentos de pedra, vidro, papel ou outro material sobre uma superfície.

- Separe folhas de revista ou jornal, rasgue pedacinhos de papel arredondados e preencha o quadro, ao lado da reprodução da obra **O grito**, usando a técnica do mosaico.

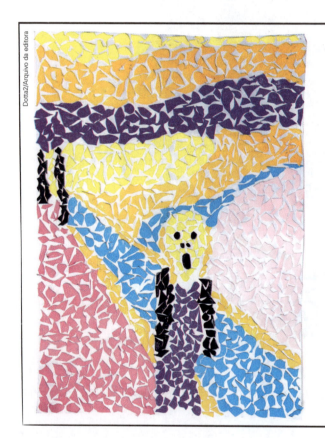

Dotta2/Arquivo da editora

7 Agora, imagine que cada pedaço de papel é um fragmento de solo. Com que tipo de solo seu mosaico se assemelha: com um solo muito permeável ou com um pouco permeável?

....

....

A porosidade do solo

8 Quando há uma redução da porosidade do solo, ele está compactado.

- Marque um **X** no solo que está compactado.

- Desenhe os elementos que protegem o solo não compactado da compactação e de outros tipos de desgaste.

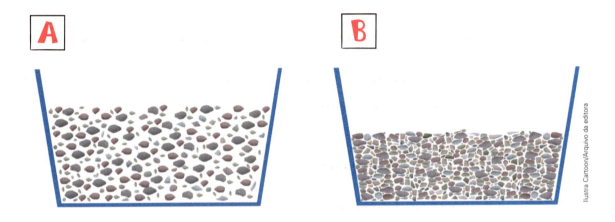

- Quais são as consequências da compactação do solo? Escreva ou desenhe algumas ideias nos balões abaixo.

A água e seu tratamento

9 Você sabia que, além de usar uma grande quantidade de água do ambiente, muitas indústrias ainda devolvem essa água poluída?

- Veja a quantidade de água usada em alguns processos produtivos.

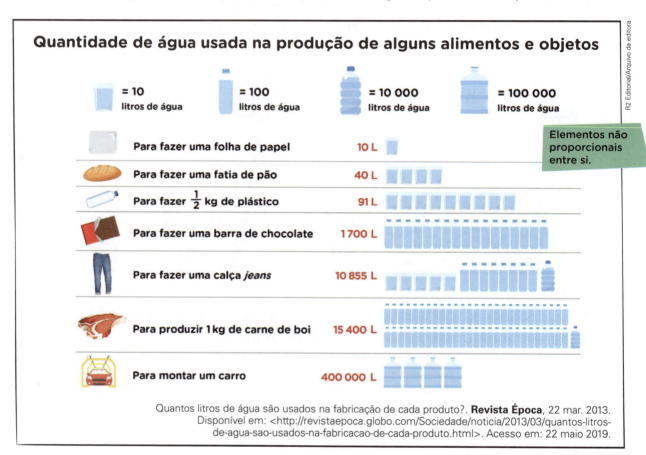

Quantidade de água usada na produção de alguns alimentos e objetos

= 10 litros de água
= 100 litros de água
= 10 000 litros de água
= 100 000 litros de água

Elementos não proporcionais entre si.

Para fazer uma folha de papel	10 L
Para fazer uma fatia de pão	40 L
Para fazer $\frac{1}{2}$ kg de plástico	91 L
Para fazer uma barra de chocolate	1 700 L
Para fazer uma calça *jeans*	10 855 L
Para produzir 1 kg de carne de boi	15 400 L
Para montar um carro	400 000 L

Quantos litros de água são usados na fabricação de cada produto?. **Revista Época**, 22 mar. 2013. Disponível em: <http://revistaepoca.globo.com/Sociedade/noticia/2013/03/quantos-litros-de-agua-sao-usados-na-fabricacao-de-cada-produto.html>. Acesso em: 22 maio 2019.

- Em sua opinião, reduzir o consumo da população poderia contribuir para diminuir a poluição da água? Que outras medidas seriam necessárias?

....

....

....

- Que produtos você poderia deixar de consumir em um dia? Calcule quantos litros de água seriam economizados.

....

....

Ciclo da água na natureza

10 Vamos fazer um desenho com água e ar? Providencie um saco plástico, preferencialmente "zip", e use uma caneta permanente para desenhar uma paisagem com um céu ensolarado, nuvens, uma parte aquática (lago, mar ou rio) e seres vivos.

Acrescente uma camada de água (preferencialmente aquecida), de acordo com o desenho. Feche o saco plástico e deixe-o suspenso em uma área externa, exposto ao sol. Observe-o por alguns dias.

Ilustrações: Ilustra Cartoon/Arquivo da editora

- Como a água fez parte do seu desenho?

....

....

....

....

- Você identificou etapas do ciclo da água? Quais?

....

....

A umidade e a temperatura do ar

11 Você sabe como se formam os diferentes tipos de nuvem?

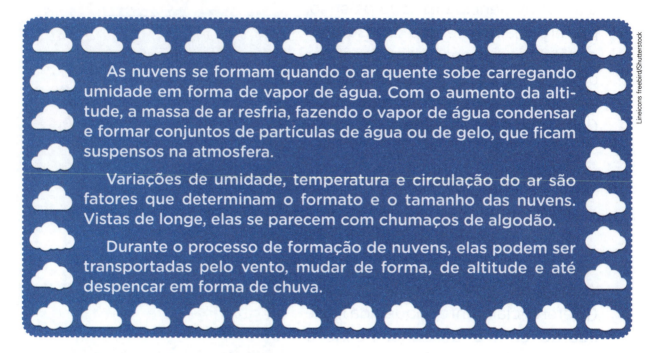

As nuvens se formam quando o ar quente sobe carregando umidade em forma de vapor de água. Com o aumento da altitude, a massa de ar resfria, fazendo o vapor de água condensar e formar conjuntos de partículas de água ou de gelo, que ficam suspensos na atmosfera.

Variações de umidade, temperatura e circulação do ar são fatores que determinam o formato e o tamanho das nuvens. Vistas de longe, elas se parecem com chumaços de algodão.

Durante o processo de formação de nuvens, elas podem ser transportadas pelo vento, mudar de forma, de altitude e até despencar em forma de chuva.

- Olhe para o céu em um dia nublado. Observe algumas nuvens e procure identificar as formas que elas sugerem. Em seguida, desenhe essas formas no espaço abaixo e, usando cola branca, preencha cada uma delas com algodão.

O ar em movimento

12 As nuvens podem ser transportadas pelo vento. Leia o poema abaixo e, ao lado dele, faça um desenho para ilustrá-lo.

Canção de nuvem e vento

Medo da nuvem
Medo Medo
Medo da nuvem que vai crescendo
Que vai se abrindo
Que não se sabe
O que vai saindo
Medo da nuvem NuvemNuvem
Medo do vento
Medo Medo
Medo do vento que vai ventando
Que vai falando
Que não se sabe
O que vai dizendo
Medo do vento VentoVento
Medo do gesto
Mudo
Medo da fala
Surda
Que vai movendo
Que vai dizendo
Que não se sabe...
Que bem se sabe
Que tudo é nuvem que tudo é vento
Nuvem e vento VentoVento!

Mário Quintana: 80 anos de poesia, de Mario Quintana. São Paulo: Globo, 2008.
p. 52. © Elena Quintana.

- O que você acha que "vai saindo" da nuvem?

....

- Por que às vezes temos medo da nuvem e do vento?

....

....

....

Poluição do ar

13 Em 2011, o Projeto RespirAR e a Fundação SOS Mata Atlântica lança-ram uma campanha para verificar a qualidade do ar da cidade de São Paulo. Observe a cartela que foi disponibilizada e utilize-a para avaliar o grau de poluição da sua cidade. Para isso, siga as instruções abaixo.

1 Separe um tecido branco, de preferência de algodão.

2 Pendure o tecido em uma janela ou na sacada de sua casa.

3 A cada semana, à luz do dia, coloque a tabela na frente do tecido. Compare a cor do tecido com as cores da cartela.

4 Em uma tabela, anote o local, as datas e os números obtidos.

5 Depois de um mês, compare seus resultados com os resultados dos colegas.

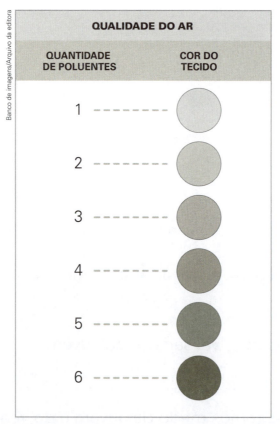

Qualidade do ar, de Projeto RespirAR. Fundação SOS Mata Atlântica/Rede Globo. Disponível em: <http://g1.globo.com/sao-paulo/respirar/noticia/2011/05/imprima-tabela-do-projeto-respirar.html>. Acesso em: 22 maio 2019.

- Você considerou o ar do seu bairro poluído?

A exploração dos recursos naturais

14 Leia o trecho de reportagem a seguir.

Sem areia, praias de sonho em África viram pesadelo

[...] Vários países africanos lançam agora o alerta, porque estão a ficar sem areia.

[...]

Segundo estimativas do Programa das Nações Unidas para o Meio Ambiente (UNEP), anualmente são extraídas 40 mil milhões de toneladas de areias em todo o mundo. A areia é uma matéria-prima indispensável para muitos apetrechos da vida moderna, como telefones móveis e microchips. É ainda fundamental para a construção de casas e estradas. A indústria do cimento precisa de 30 milhões de toneladas todos os anos. Mas, tal como o carvão, o gás natural e o petróleo, a areia não é um recurso renovável e não se regenera com a mesma velocidade a que é extraída.

[...]

Sem areia, praias de sonho em África viram pesadelo, de Cristina Krippahl Silja Fröhlich. **DW**. Disponível em: <https://www.dw.com/pt-002/sem-areia-praias-de-sonho-em-%C3%A1frica-viram-pesadelo/a-37565209>. Acesso em: 17 maio 2019.

- Pesquise uma reportagem que denuncie a exploração de um recurso natural não renovável. Separe o trecho que denuncia a exploração, recorte-o e cole-o abaixo.

Os tipos de planta e as necessidades delas

15 As plantas vivem em vários ambientes. As hortaliças, plantas que consumimos como alimento, precisam de condições especiais para se desenvolver. Vamos planejar o plantio de uma hortaliça? Observe o quadro a seguir.

Ilustrações: R2 Editorial/Arquivo da editora

Hortaliça	Tipo de solo	Condições de cultivo	Sugestões de uso
Orégano	Plantar em solo humífero.		Molho à base de tomate, assados, pães e pratos com queijo.
Hortelã	Plantar em solo argiloso.		Pratos árabes, tempero de carnes de porco e sucos de frutas e chás.
Salsinha	Plantar em solo humífero, não suporta solos argilosos ou mal drenados.		Saladas, pães e diversos pratos.
Alecrim	Plantar em solo com granulação arenosa.		Carnes (exceto peixes), batata e manteiga aromatizada.
Cebolinha	Plantar de preferência em solo com granulação equilibrada e humífero.		Saladas, pães, molhos, vinagrete e carnes.
Pimenta	Plantar em solo arenoargiloso.		Temperos em geral.

Irrigação	Cultivo	Luminosidade
a cada dois dias	sozinha	sombra
diária moderada	em grupo	luz natural
diária abundante		sol direto por algumas horas

Elementos não proporcionais entre si.

Pense em uma parte da sua casa para colocar um vaso. Qual das plantas indicadas no quadro da página anterior poderia viver nesse ambiente? Justifique.

....

....

- Ligue com um traço os itens que você deve colocar dentro do seu vaso.

🔴 Solo arenoso.

🔴 Solo argiloso.

🔴 Solo humífero.

🔴 Saco de adubo.

- Que outros cuidados você deve ter com a planta?

....

....

Animais silvestres

16 As pegadas de animais silvestres são impressões que eles deixam ao se deslocarem em determinada área.

Imagine que você encontrou pegadas ao visitar uma região da Amazônia. Será que você conseguiria identificar os animais que vivem nessa região? Ligue com um traço.

a) Irara.

A pegada da **irara** apresenta marcas de cinco dedos arredondados, próximos uns dos outros, com as marcas de unhas bem definidas.

Elementos não proporcionais entre si.

b) Anta.

A pegada da **anta** apresenta três dedos largos e curtos, arredondados nas extremidades e com o dedo médio maior que os demais. Às vezes é possível notar um quarto dedo na parte posterior.

c) Veado-mateiro.

O formato da pegada do **veado-mateiro** é triangular, ocorrendo marca de dois cascos, que podem aparecer unidos ou separados.

d) Jaguatirica.

A pegada da **jaguatirica** apresenta almofada arredondada e quatro dedos sem as marcas das unhas.

Cadeia alimentar

17 Recorte as imagens e cole cada uma delas em um copo plástico. Na base do copo, escreva o nome de cada um deles e classifique-os em: fonte luminosa, planta, invertebrado, peixe, anfíbio, réptil, ave ou mamífero. Depois, embaralhe os copos.

Elementos não proporcionais entre si.

Ilustrações: R2 Editorial/Arquivo da editora

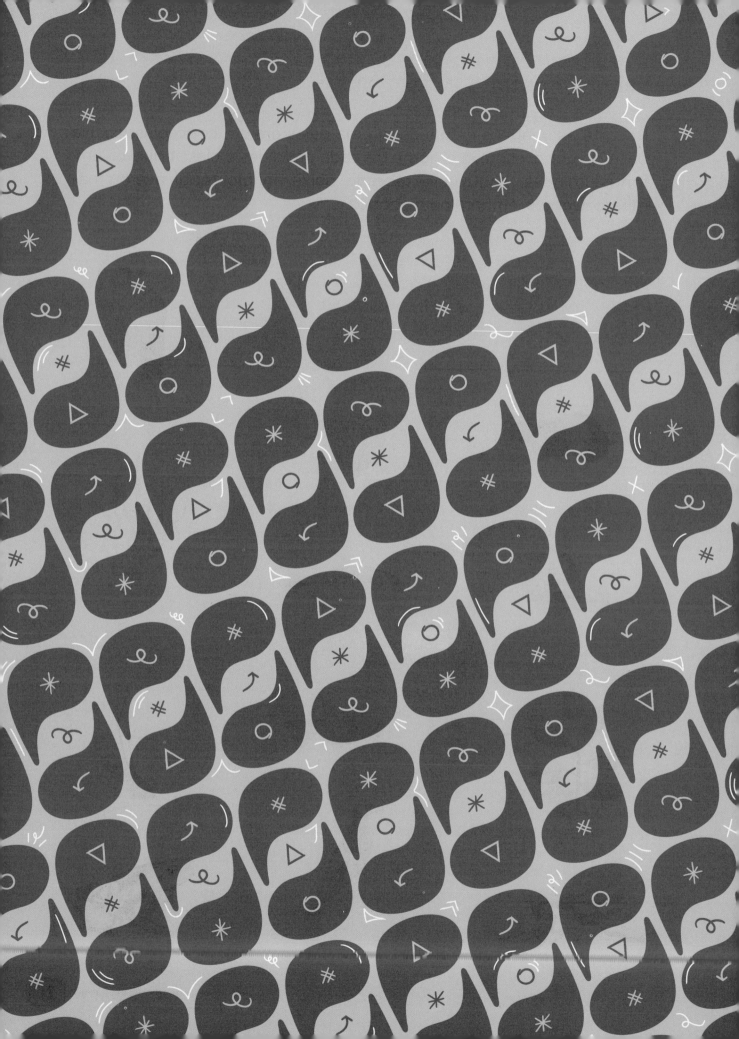

- Chame um colega para jogar. Posicionem os copos "Sol" no centro da mesa. Um jogador por vez deve escolher um copo que encaixe sobre um dos copos da mesa, tendo como finalidade formar uma cadeia alimentar.

- Quando todos os copos estiverem posicionados ou quando não houver mais possibilidade de relação alimentar, represente no espaço abaixo as cadeias obtidas. Utilize setas para representar as relações alimentares e observe quantos seres vivos participam de cada cadeia alimentar.

- Você pode recortar imagens de outros seres vivos, fazer novos copos e jogar novamente.

Como funciona o corpo – os sistemas

18 Você já brincou de "adivinho"?

1 Recorte a página ao lado e faça a dobradura, de acordo com as indicações abaixo.

2 Convide alguém para brincar. Comece pedindo ao colega que escolha um número, de 1 a 10, e movimente o "adivinho" o número de vezes escolhido. Em seguida, peça ao colega que escolha uma imagem.

3 Depois de observar a imagem e tentar identificar a qual sistema o órgão pertence, abra o "adivinho" e leia a frase correspondente. Verifique se, com essas informações, o colega consegue adivinhar o sistema do corpo humano. Registre-o abaixo.

a: ....

b: ....

c: ....

d: ....

e: ....

f: ....

g: ....

h: ....

Banco de imagens/Arquivo da editora

Dobre todas as pontas em direção ao centro do papel.

pulmões

b. Retira gás oxigênio do ar e libera gás carbônico.

osso

músculo

c. Sustenta o corpo e permite que ele se movimente.

encéfalo

a. Comanda as funções do corpo.

boca

d. Os alimentos são quebrados em partes muito pequenas.

vagina

ovários

h. Produz as células reprodutoras femininas: os óvulos.

e. Bombeia o sangue e leva o gás oxigênio a todas as partes do corpo.

coração

g. Produz as células reprodutoras masculinas: os espermatozoides.

f. Elimina as substâncias tóxicas de nosso organismo.

rins

testículos

pênis

Banco de imagens/Arquivo da editora

Ilustrações de corpo humano: R2 Editorial/Arquivo da editora

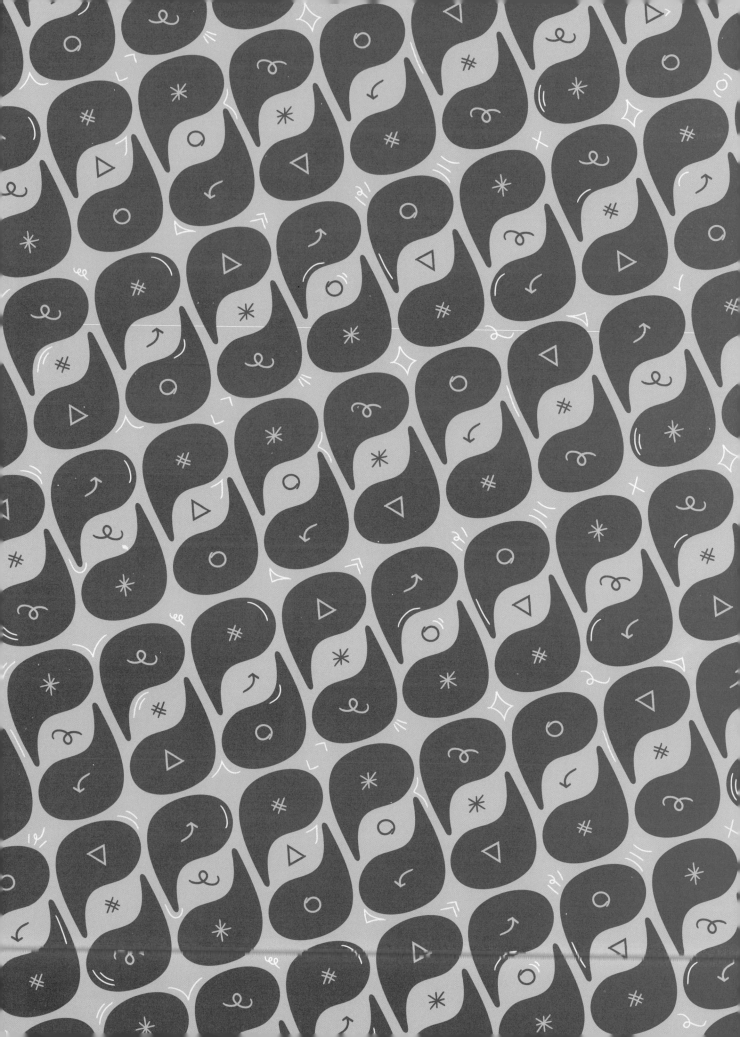

19 Observe abaixo a imagem de uma composteira doméstica. Em seguida, descubra e numere a ordem correta das etapas de seu funcionamento.

Ilustra Cartoon/Arquivo da editora

☐ A fim de manter a umidade, uma camada de matéria seca, como folhas ou serragem, deve ser depositada sobre os resíduos orgânicos.

☐ Por fim, um líquido rico em nutrientes (chorume) se forma durante todo o processo e escorre para a caixa da base, onde fica armazenado. Ele poderá ser diluído e pulverizado nas plantas, servindo de adubo e pesticida.

☐ Os resíduos orgânicos (restos de verduras, frutas e legumes) são depositados na primeira caixa.

☐ As minhocas contidas na primeira caixa fragmentam a matéria orgânica, facilitando o processo de decomposição. Esse processo é realizado pelos microrganismos decompositores.

☐ Ao preencher a primeira caixa, ela deve ser trocada de lugar com a caixa do meio e permanecer em descanso. A formação do húmus leva cerca de dois meses, e ele poderá ser usado como adubo em vasos.

Alimentação

20 Você sabia que nem tudo que é gostoso é saudável? Você sabe quanto e com que frequência devemos comer?

Veja na tabela abaixo quais alimentos podem ser consumidos à vontade e quais não são recomendados.

Que tal relembrar algumas propriedades que cada tipo de alimento tem?

- Frituras e alimentos gordurosos devem ser evitados, pois podem causar danos à saúde, como o aumento de colesterol.

- Hortaliças e frutas são sempre bem-vindas. Elas têm muitas vitaminas e são gostosas.

- Massas, como pães, biscoitos e macarrão, são nossa principal fonte de energia. Mas, se consumidas além do necessário, podem prejudicar a saúde. Portanto, não devem ser o único tipo de alimento que você come. Prefira as massas integrais, que são mais nutritivas.

- As carnes são importantes fontes de proteína, responsável pela formação dos tecidos de nosso corpo. Dê preferência às carnes magras.

- Doces são muito gostosos, mas são ricos em açúcar e quase não têm vitaminas. Portanto, devem ser consumidos em pequenas quantidades e com pouca frequência.

- A pirâmide alimentar está sem legendas. Recorte as fichas que estão no fim da página e cole-as nos lugares corretos. Em seguida, veja se sua alimentação é parecida com a da pirâmide.

Ilustra Cartoon/Arquivo da editora

Elaborado com base em: <https://www.sbp.com.br/fileadmin/user_upload/pdfs/14297e1-cartaz_Piramide.pdf>. Acesso em: 17 maio 2019.

Pães, cereais, arroz, massas, tubérculos e raízes (comer em maior quantidade e com maior frequência).	Carnes, aves, peixes, frutos do mar, leguminosas, ovos e sementes (2 a 3 porções diárias).	Verduras e legumes (3 a 5 porções diárias).
Gorduras, óleos e doces (consumo restrito).	Leite, iogurte e queijo (2 a 3 porções diárias).	Frutas (2 a 4 porções diárias).

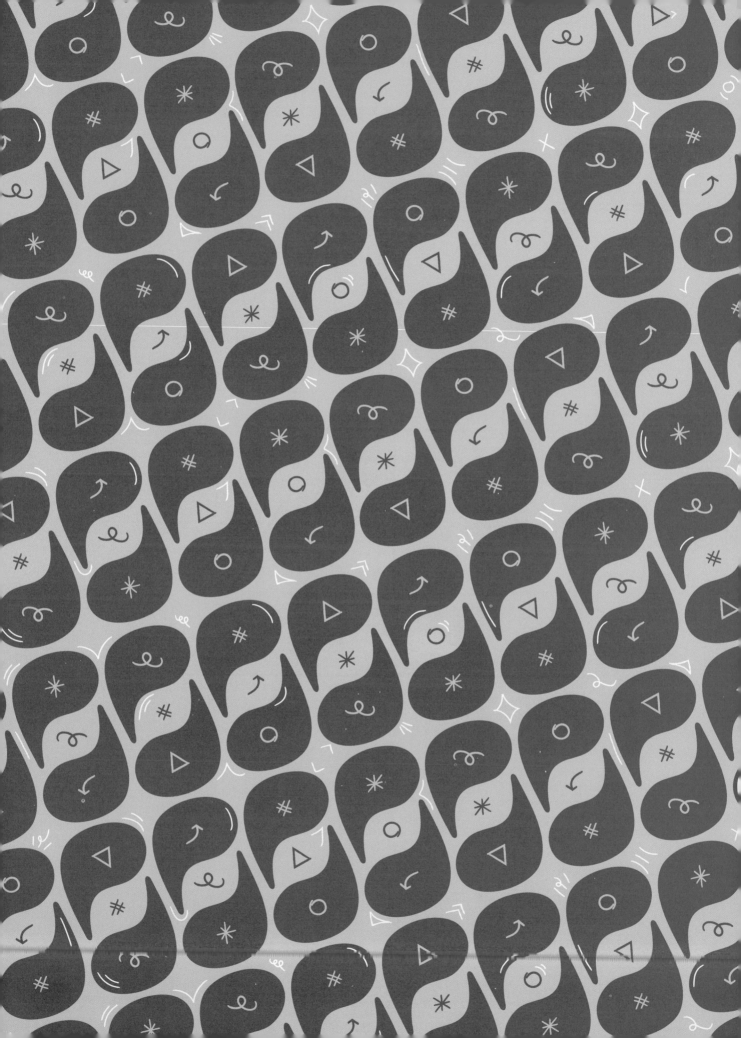

Saneamento básico

21 Leia a tirinha a seguir.

Boné, de página avulsa da Turma da Mônica – SPC, veiculada no *site* Turma da Mônica.

- Você conhece alguma solução para esse problema? Crie novos quadrinhos e desenhe uma continuação para essa história.

Algumas doenças e suas causas

22 Identifique as doenças a seguir e complete a cruzadinha.

1 Doença causada pela lombriga, ou ascáride, um verme que se aloja no intestino e provoca dor de barriga, falta de apetite e enfraquecimento.

2 É causada por um verme achatado, conhecido como solitária.

3 Doença causada por um verme conhecido por esquistossomo.

4 A contaminação se dá por penetração de larvas dos vermes através da pele, principalmente a dos pés, ou por ingestão de ovos do parasita.

5 Exemplo de doença causada por um protozoário.

6 Doença causada pelo verme oxiúro.

7 Doença muito comum no inverno, causada por um vírus.

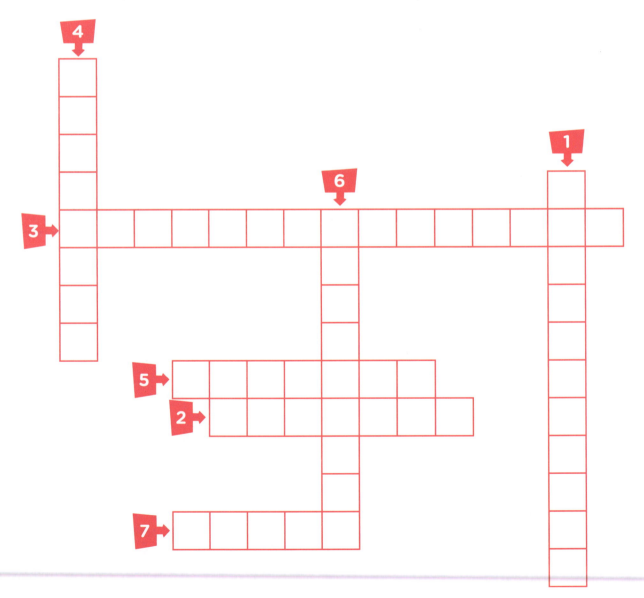

SUMÁRIO

IMAGENS: SHUTTERSTOCK

OS RAIOS PELO BRASIL

Pesquisa revela o *ranking* das cidades mais atingidas por raios no Brasil

O levantamento, feito pelo Grupo de Eletricidade Atmosférica (Elat), do Instituto Nacional de Pesquisas Espaciais (Inpe), com base em dados de 2011 a 2016, mostra que a cidade recordista em raios é Santa Maria das Barreiras, no Pará. Em segundo e terceiro lugar vêm outros dois municípios paraenses: Redenção e Conceição do Araguaia. A região do mundo em que mais caem raios é a tropical, onde fica a maior parte do território brasileiro.

COMO SE FORMAM OS RAIOS?

Essas descargas elétricas podem acontecer entre partículas com cargas negativas nas nuvens e positivas no solo.

1. Dentro de uma nuvem existem partículas de água e cristais de gelo. Devido à movimentação constante das nuvens essas partículas se chocam.

2. No choque, há uma troca de cargas elétricas: a carga negativa fica na parte de baixo da nuvem e a positiva, na parte de cima. Isso significa que a nuvem está polarizada (como uma pilha).

3. Chega um momento em que as cargas elétricas se tornam tão intensas que rompem a barreira do ar.

4. Com isso, surge a descarga elétrica, devido às cargas negativas serem atraídas pelas cargas positivas do solo. Todo esse fenômeno forma o raio.

DICAS PARA SE PROTEGER DOS RAIOS

● Não fique em áreas abertas.
● Não se abrigue debaixo de árvores.
● Proteja-se em locais fechados, como casas ou carros.

AS DEZ CIDADES BRASILEIRAS COM MAIS INCIDÊNCIA DE RAIOS*

1ª Santa Maria das Barreiras (PA)
2ª Redenção (PA)
3ª Conceição do Araguaia (PA)
4ª Santana do Araguaia (PA)
5ª Cumaru do Norte (PA)
6ª Bannach (PA)
7ª Apuí (AM)
8ª Ourilândia do Norte (PA)
9ª Pau D'Arco (PA)
10ª Carolina (MA)

*RANKING FEITO COM A MÉDIA DE DENSIDADE DE RAIOS (POR QUILÔMETRO QUADRADO POR ANO) CALCULADA COM BASE EM DADOS DE 2011 A 2016.

FONTE: JORNAL *JOCA*, EDIÇÕES 53 (20/2/2015 A 9/3/2015) E 77 (17/5/2016 A 30/5/2016).

VOCÊ SABIA QUE...

ESPAÇO

...a origem do Universo é um dos grandes mistérios a serem desvendados pela humanidade? Cientistas acreditam que o cosmos se formou a partir do Big Bang, uma expansão de energia a partir de um estado de calor e densidade muito alto.

...em 2015, astrônomos registraram a ação da estrela mais rápida conhecida da Via Láctea? Chamada de US 708, ela estava saindo da nossa galáxia a 1 200 quilômetros por segundo — ou 4,3 milhões de quilômetros por hora. Normalmente, estrelas se movimentam a 200 quilômetros por segundo (ou 720 mil quilômetros por hora).

...os planetas do Sistema Solar se formaram a partir de poeira cósmica? É provável que uma nuvem com essa poeira tenha sofrido, por exemplo, uma explosão. Então, partículas sólidas e de gás se acumularam, dando origem aos planetas.

...é provável que a US 708 estivesse em tão alta velocidade por causa da ação de uma grande explosão?

IMAGENS: SHUTTERSTOCK, NASA/CXC/SAO/R. MARGUTTI ET AL/NASA E ESA/HUBBLE NASA S. GEIER

FONTE: JORNAL *JOCA*, EDIÇÃO 91 (20/3/2017 A 3/4/2017).

VOCÊ SABIA QUE...

OCEANOS

...o ponto mais fundo do oceano fica a 11 quilômetros de profundidade? O local se chama Fossa das Marianas e se situa no Oceano Pacífico, a leste das Filipinas.

Oceano Ártico

AMÉRICA DO NORTE

EUROPA ÁSIA

Oceano Atlântico

Fossa das Marianas

Triângulo das Bermudas

Oceano Pacífico

Oceano Pacífico

AMÉRICA CENTRAL

ÁFRICA

AMÉRICA DO SUL

Oceano Índico

OCEANIA

Oceano Antártico

ANTÁRTIDA

...o maior peixe dos mares é o tubarão-baleia? Ele pesa cerca de 30 toneladas e tem mais ou menos 20 metros de comprimento — equivalente a cinco carros enfileirados.

...fica no Oceano Atlântico o misterioso Triângulo das Bermudas? Barcos e aviões já sumiram nessa área demarcada por três pontas: sul da Flórida (Estados Unidos), Porto Rico e ilhas Bermudas. Para os cientistas, o que causa desastres na área são tempestades e ondas enormes, de até 30 metros de altura.

...o maior oceano do mundo é o Pacífico? Ele abrange uma área de 165 milhões de quilômetros quadrados — quase 20 vezes a área do Brasil — e banha as Américas, a Ásia e a Oceania.

...estima-se que, de cada cinco espécies de seres vivos no planeta, quatro sejam habitantes dos mares? Mesmo assim, os cientistas acreditam que até dois terços das espécies que vivem nos oceanos ainda sejam desconhecidas.

IMAGENS: SHUTTERSTOCK

FONTE: JORNAL *JOCA*, EDIÇÃO 120 (24/9/2018 A 15/10/2018).

O MUNDO SECRETO DAS CAVERNAS

Descubra curiosidades sobre esses locais no Brasil e em outros países

QUER CONHECER MINHA CASA?

COMO AS CAVERNAS SURGEM?

Elas se formam a partir da erosão em rochas, que desgasta o solo com a ação da água, e de erupções vulcânicas, por exemplo. O tipo mais comum surge do contato de águas levemente ácidas com a rocha calcária. Por causa desse contato é possível a formação das cavidades da caverna com o passar do tempo.

VISUAL DIFERENTE

No México, **a Caverna dos Cristais** abriga cristais naturais de até 8 metros de comprimento. Eles se formaram por causa da água que escorre devagar para dentro da caverna e cresceram graças ao ambiente fechado e à temperatura estável.

RECORDES NO BRASIL E NO MUNDO

● Quase 650 quilômetros de extensão formam o sistema **Mammoth Cave**, um dos maiores complexos de cavernas do planeta, no estado de Kentucky, Estados Unidos. O nome Mammoth, "mamute" em inglês, foi dado por causa da grandiosidade do local.

650 quilômetros	**EQUIVALEM A**	pouco menos do que a distância entre as cidades de São Paulo e Florianópolis.

● Em Campo Formoso, na Bahia, fica a **Toca da Boa Vista**, considerada a maior caverna brasileira, com **107 quilômetros** de extensão.

Existem quase **8 mil** cavernas registradas oficialmente no Brasil.*

O CADASTRO NACIONAL DE CAVERNAS DO BRASIL.

ESTUDO DO PASSADO

Milhões de anos atrás, durante a Pré-História, as cavernas eram usadas como abrigo pelo ser humano. Por isso, ainda hoje, muitas têm sinais, como desenhos nas paredes, e ajudam a entender aquela época.

As **estalagmites** e **estalactites** fazem parte das cavernas. Estalactites se formam do teto para o chão e estalagmites aparecem no sentido contrário. A água, que se infiltra por fendas das cavernas, leva parte do calcário das rochas e, ao gotejar, cria esse tipo de coluna.

FONTE: JORNAL *JOCA*, EDIÇÃO 116 (30/7/2018 A 13/8/2018).

PLANETAS DO
SISTEMA SOLAR

O conjunto de planetas e corpos celestes que gira em torno do Sol (uma estrela) é chamado de Sistema Solar. Veja algumas curiosidades sobre a Terra e seus vizinhos.

VÊNUS

- Para dar a volta em torno do Sol, leva 225 dias terrestres.

- Não tem satélite natural (como a Lua da Terra).

- O nome do planeta foi dado em uma homenagem à Vênus, deusa romana do amor e da beleza.

MARTE

- Para dar a volta em torno do Sol, o planeta leva 687 dias terrestres.

- Cientistas acreditam que Marte já teve água, há 3,5 bilhões de anos.

- Satélites naturais: Phobos e Deimos.

- A presença do líquido é uma das condições necessárias para existência de vida como conhecemos na Terra.

- O ser humano nunca pisou em Marte. Mas a Agência Espacial Norte--Americana (Nasa) já enviou sondas para explorá-lo.

MERCÚRIO

- Para dar a volta em torno do Sol, o planeta leva 88 dias terrestres.

- É o menor planeta do Sistema Solar.

- É apenas um pouco maior do que a Lua.

- As temperaturas variam muito: 430 graus Celsius durante o dia e 180 graus Celsius negativos à noite.

LUA

TERRA

SOL

8

SATURNO

- Uma de suas características são os anéis, que surgiram do impacto, por exemplo, de cometas com as luas de Saturno. Cientistas creem que eles sejam formados de poeira, rochas e gelo.

- Tem mais de 50 satélites naturais.

- Para dar a volta em torno do Sol, leva 29 anos terrestres.

- É um dos cinco planetas que podem ser vistos sem telescópio. Os outros são Mercúrio, Vênus, Marte e Júpiter.

NETUNO

- Para dar a volta em torno do Sol, leva 165 anos terrestres.

- Netuno foi descoberto em 1846.

- É o planeta com ventos mais fortes do Sistema Solar. Eles podem alcançar mais de 2 mil quilômetros por hora. O furacão Harvey, que atingiu os Estados Unidos em 2017 e se tornou um dos mais fortes da história do país, tinha ventos de cerca de 210 quilômetros por hora.

- Tem 13 luas.

URANO

- Para dar a volta em torno do Sol, leva 84 anos terrestres.

- Urano foi descoberto em 1781, pelo astrônomo William Herschel.

- É conhecido como "planeta do gelo", pois sua temperatura média é de 195 graus Celsius negativos.

- Possui 27 luas.

JÚPITER

- Para dar a volta em torno do Sol, leva 12 anos terrestres.

- Um dia em Júpiter dura dez horas terrestres.

- Possui duas vezes a massa de todos os outros planetas juntos.

- É o maior planeta do Sistema Solar, com diâmetro 11 vezes maior do que o da Terra.

- Possui mais de 75 satélites naturais.

TERRA

- Para dar a volta em torno do Sol, leva 365 dias.

- A vida na Terra é possível por causa das temperaturas adequadas (clima nem muito frio nem muito quente) e da existência de água.

- Possui um satélite natural, a Lua.

FONTE: JORNAL *JOCA*, EDIÇÃO 105 (13/11/2017 A 1/12/2017).

O QUE É O ZIKA?

É um vírus parecido com o da dengue e da chikungunya — os três são transmitidos pela picada do mosquito *Aedes aegypti*

SINTOMAS*
Dor de cabeça
Febre
Conjuntivite
Inflamação dos gânglios
Manchas na pele e coceira
Dor nas articulações

TRATAMENTO
Não há uma vacina nem um medicamento específico. Só as dores e a febre podem ser tratadas.

RECOMENDAÇÕES PARA EVITAR O ZIKA
Aplicar repelentes
Usar roupas que cubram as extremidades do corpo
Descansar em ambientes com mosquiteiros

* DE ACORDO COM O MINISTÉRIO DA SAÚDE, OS SINTOMAS DO ZIKA TÊM INTENSIDADE LEVE A MODERADA. EM CASO DE SINTOMAS, PROCURE AJUDA MÉDICA.

A TRANSMISSÃO

1. Começa quando o mosquito *Aedes aegypti* pica alguém doente e passa a carregar o vírus zika.

2. Uma fêmea do mosquito põe até mil ovos — se ela estiver contaminada com o zika, seus ovos também estarão contaminados.

3. Os novos mosquitos já nascem com o vírus, podendo infectar humanos e outros animais com sua picada.

DICAS PARA COMBATER O MOSQUITO

● Mantenha a caixa-d'água da sua casa sempre fechada com tampa adequada.

● Coloque o lixo em sacos plásticos e mantenha a lixeira bem fechada.

● Não deixe a água da chuva acumular em objetos.

● Encha de areia até a borda os pratos dos vasos.

● Guarde garrafas de cabeça para baixo.

O QUE É A MICROCEFALIA?

Ela se caracteriza por uma malformação em que o cérebro de um bebê não se desenvolve da forma esperada. A microcefalia pode ser causada durante a gestação se a mãe for infectada pelo vírus zika.

 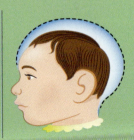

IMAGENS: SHUTTERSTOCK

FONTE: JORNAL *JOCA*, EDIÇÃO 70 (2/2/2016 A 22/2/2016).

VOCÊ SABIA QUE...

BACTÉRIAS

...antibióticos são remédios que atacam bactérias? Quando o sistema imunológico não consegue acabar com uma doença, o medicamento é usado contra esses microrganismos.

...o corpo humano abriga trilhões de bactérias? A maior parte delas contribui para o bom funcionamento do corpo. É o caso, por exemplo, dos microrganismos que vivem no nosso intestino, a chamada microbiota intestinal.

...máquinas de secar as mãos são menos higiênicas do que toalhas descartáveis? Em 2018, um estudo realizado na Universidade de Westminster, na Inglaterra, concluiu que elas espalham 1 300 vezes mais bactérias do que as toalhas descartáveis.

...as mãos são um veículo de transmissão de bactérias? Para evitar que os microrganismos passem de um local para outro, é importante sempre manter as mãos limpas.

...existem pessoas especializadas em "caçar" bactérias? No projeto PharmaSea especialistas as buscam em lugares extremos, onde as temperaturas são muito baixas, por exemplo. O objetivo é descobrir como as bactérias conseguem viver nesses ambientes e, a partir disso, criar novos tipos de medicamento.

...o leite das vacas tem bactérias que ajudam na produção do queijo? No tipo emmental, por exemplo, o microrganismo libera um gás que cria os furinhos do queijo.

...bactérias podem ter surgido logo após a formação da Terra? Elas existiriam há cerca de 3,7 bilhões de anos, de acordo com estudo da University College London, na Inglaterra.

FONTE: JORNAL *JOCA*, EDIÇÃO 115 (12/6/2018 A 30/7/2018).

TUBARÕES:
SUPERPEIXES

Saiba mais sobre esses animais
e entenda por que eles estão ameaçados

QUE TUBARÃO GRANDE!

CURIOSIDADES

- Tubarões são peixes e já nadavam nos oceanos da Terra há **450 milhões de anos.** O *Homo sapiens* (homem moderno) surgiu há cerca de 200 mil anos.

- A maioria habita os mares. Mas há exceções, como o **tubarão-cabeça-chata**, que vivem tanto em água salgada como doce.

- Há cerca de **520 espécies**:

– de **20 centímetros** (**tubarão-pigmeu**, uma das menores espécies).

– a **18 metros** de comprimento (**tubarão-baleia**, a maior espécie).

- Alguns estudos dizem que tubarões sentem o cheiro de uma gota de sangue em 2 milhões de litros de água (quantidade de água em uma piscina olímpica). Outras pesquisas apontam que o olfato é eficiente para detectar sangue a 400 metros de distância.

- A alimentação varia entre as espécies e inclui peixes, polvos, tartarugas, entre outros.

FONTE: JORNAL *JOCA*, EDIÇÃO 115 (12/6/2018 A 30/07/2018).

PERIGO DE ATAQUE

● É baixo o número de mortes causadas por ataques de tubarão. De acordo com o Arquivo Internacional de Ataques de Tubarões (Isaf, na sigla em inglês para International Shark Attack File), do Florida Museum, nos Estados Unidos, as chances de morrer após um ataque de tubarão durante a vida são de 1 em 3 748 067.

● Tubarões não gostam de carne humana. Quando nos atacam, eles geralmente nos confundem com uma foca ou uma tartaruga.

● Os riscos envolvendo outros animais são maiores. De acordo com a Organização Mundial da Saúde (OMS):

– Mais de 5 milhões de pessoas são picadas por cobras todo ano no mundo.

– Mordidas de cães causam dezenas de milhões de ferimentos anualmente.

● No Brasil, as regiões com mais tubarões são Norte e Nordeste. São vistas espécies como tubarão-tigre e tubarão-cabeça-chata.

AMEAÇADOS

Para a União Internacional para a Conservação da Natureza (IUCN, na sigla em inglês para International Union for Conservation of Nature), **74 espécies** de tubarão estão ameaçadas de extinção.

AS PRINCIPAIS AMEAÇAS:

Pesca em excesso: as barbatanas e a carne dos tubarões são utilizadas na alimentação mundial.

Captura por engano: muitos tubarões são capturados em armadilhas destinadas a outros peixes e acabam morrendo.

ANATOMIA PODEROSA
O esqueleto dos tubarões é formado de cartilagem, um material leve e flexível que dá bastante agilidade a esses animais. Assim, eles conseguem se virar rapidamente na hora de caçar, o que ajuda para capturar as presas.

COMO EVITAR ATAQUES DE TUBARÃO?

● Respeite as placas de alerta e os avisos que os salva-vidas dão. Nunca entre na água do mar quando houver perigo de tubarão na região da praia.

● Não nade muito longe da areia.

● Na água, fique em grupos (os ataques costumam acontecer mais a pessoas sozinhas).

RESPEITE OS AVISOS SOBRE PERIGO DE TUBARÃO NAS PRAIAS!

A TERRA E O UNIVERSO

Pesquisadores da Nasa descobriram, em 2015, o planeta Kepler-452b. Por ter semelhanças com a Terra, ele foi chamado de "primo mais velho" do nosso planeta. A seguir, confira curiosidades sobre a Terra e o espaço

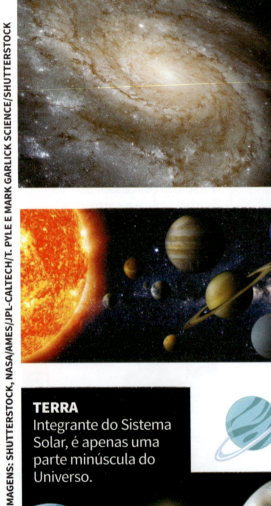

IMAGENS: SHUTTERSTOCK, NASA/AMES/JPL-CALTECH/T. PYLE E MARK GARLICK SCIENCE/SHUTTERSTOCK

UNIVERSO
Tudo junto: galáxias, estrelas, planetas, seres vivos etc. Cientistas acreditam que o Universo continua se expandindo.

A VIA LÁCTEA
É a nossa galáxia. O Sol é apenas uma entre os bilhões de estrelas que formam a Via Láctea. Ela tem formato de disco, com as bordas torcidas — como uma tampinha de garrafa amassada.

O SISTEMA SOLAR
É constituído por oito planetas que orbitam ao redor de uma estrela, o Sol. Alguns dos planetas têm satélites naturais, como a Lua da Terra. O Sol está aproximadamente a 150 milhões de quilômetros de distância da Terra.

TERRA
Integrante do Sistema Solar, é apenas uma parte minúscula do Universo.

Um ano-luz equivale a cerca de 9 500 000 000 000 quilômetros.

AS GALÁXIAS
Astrônomos já acharam que a Via Láctea era a única galáxia. Hoje, já se sabe que existem milhares de outras galáxias. Elas têm diversos formatos: espirais, ovais ou até sem forma definida.

O ESPAÇO É INCRÍVEL!!!

PLANETA PRIMO
O Kepler-452b está numa "zona habitável", lugar no espaço que pode ter água líquida graças às condições de temperatura. Um ano nesse planeta dura 385 dias. Ele é 60% maior do que a Terra e está a 1 400 anos-luz de distância de nós.

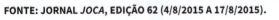

FONTE: JORNAL *JOCA*, EDIÇÃO 62 (4/8/2015 A 17/8/2015).